두근두근!
내 인생의
비밀 찾기 1

글 **성승현**

공부 공동체인 감이당에서 공부하고 있습니다. 니체, 그리스 비극 등 서양철학을 배웠고, 지금은 불교, 주역, 사주명리 등 동양고전을 공부하고 있습니다. 어린 친구들이 사주명리를 새롭게 만날 수 있기를 바라는 마음으로 이 책을 썼습니다. 함께 지은 책으로는 『내 인생의 주역 2』가 있습니다.

그림 **손수정**

대학에서 만화를 공부하고 일러스트와 만화를 그리고 있습니다. 한때 그림을 가르치며 만났던 개성 넘치는 아이들을 떠올리며 캐릭터를 만듭니다. 앞으로도 따뜻한 시선으로 아이들을 그리고 싶습니다. 그린 책으로 『안녕, 나의 사춘기』, 『열두 살 경제학교』, 『수상한 이어폰』, 『생일엔 마라탕』 등이 있습니다.

인스타그램　@gin9ers

성승현 글
손수정 그림
고미숙 추천

두근두근!
내 인생의 비밀 찾기 1

사주명리로 보는
나의 성격

천간편

곰세마리

작가의 말

어느 날, 초등학생인 조카가 다가와 말했습니다. "이모가 공부하는 사주명리가 궁금해"라는 것이었어요. 반가운 마음이 들었답니다. 조카 덕분에 어린 친구들도 자신의 성격에 대해, 자신의 운명에 대해 궁금해한다는 것을 알게 되었어요.

사주명리는 운명을 탐구하는 학문입니다. 운명이라는 단어에 사람들은 기쁨과 슬픔을 느껴요. 좋은 대학을 갈 거라고 하면 기뻐하고, 친구복이 없다고 하면 슬퍼하지요. 물론, 완전히 근거가 없는 말은 아니에요. 하지만 그에 앞서 자신이 어떤 사람인지 아는 것이 중요합니다. "너 자신을 알라"라는 유명한 말처럼, 자신이 어떤 사람인지를 아는 것이 출발인 것이죠. 자신을 알려고 하면, 질문이 솟구쳐요. "너는 바다 같은 사람이야"라고 하면? 바다 같은 사람의 성격은 어떤지, 친구와 관계를 어떻게 맺는지, 공부는 어떤 방식으로 하는지, 어떤 학과를 선호하는지, 어떤 취미에 흥미를 느끼는지 등을 유추할 수 있는 거예요. 흥미롭지요! 그런데 더욱 재미있는 것은, 이 모든 것이 해당 계절(봄, 여름, 가을, 겨울)과 물상(나무, 풀, 태양, 촛불, 황무지, 정원, 무쇠, 보석, 바다, 시냇물)의 성질에 담겨 있다는 겁니다. 사주명리를 배우면 자연과 한층 가까워지게 될 거예요.

    인간은 혼자 살지 않아요. 초등학교에 들어온 순간, 여러분들에게도 사회생활이 시작됐어요. 우리 친구들에게도 가족뿐만 아니라 선생님, 친구, 선배가 생기면서 관계가 넓어지지요. 하지만 우리는 타인을 정확하게 알 수 없어요. 이런 성격인가 싶으면 저런 모습을 보이기 일쑤거든요. 이럴 때 사주명리가 다른 사람을 이해하는 힌트를 줄 수 있어요. 나와 '달라도 너무 다른' 친구라 해도 나와 어떤 케미를 주고받을 수 있는지 살펴보는 재미가 있어요. 나랑 친한 애, 나랑 안 친한 애로 나누는 것이 아니에요. 나랑 맞으면 맞는 대로, 안 맞으면 안 맞는 대로 다이내믹한 효과를 내거든요. 이런 사실을 알면, 어떤 친구와도 설렘을 가지고 만날 수 있어요. 친구를 만나는 것 자체가 선물이 되는 거죠. 여러분도 이런 기대를 가지고 새롭게 사주명리를 만날 수 있게 되기를 바랍니다.

차례

작가의 말   4
이 책의 구성   8
내 사주 보는 법   12

프롤로그   16

01 갑목 甲木 ----- 28

02 을목 乙木 ----- 40

03 병화 丙火 ----- 52

04 정화 丁火 ----- 64

05 무토 戊土 ······ 76

06 기토 己土 ······ 88

07 경금 庚金 ······ 100

08 신금 辛金 ······ 112

09 임수 壬水 ······ 124

10 계수 癸水 ······ 136

한눈에 보는 10개의 천간   148

이 책의 구성

서양에 MBTI가 있다면, 동양에는 사주명리가 있어요. 사주의 여덟 글자를 통해 내 성격이 어떤 유형에 속하는지 알 수 있죠. 특히 나무, 태양, 바다 등 자연물로 내 성격을 유추하면서, 자연의 원리도 새롭게 배울 수 있어 일석이조의 효과를 볼 수 있어요.

✦ 천간의 상징 ✦

천간에는 그 천간을 대표하는 상징들이 있어요. 같은 물이어도 임수는 바다, 계수는 시냇물이라는 상징을 떠올릴 수 있지요. 각 천간별 상징을 알면, 그 느낌을 한번에 파악할 수 있어 이해가 쉬워져요. '천간의 상징'에서는 각 천간의 상징이 무엇인지, 그 상징이 우리에게 무엇을 의미하는지 알 수 있어요. 상징을 통해 천간과의 어색한 첫 만남을 쉽게 풀어 보아요.

✷ 천간의 성격 ✷

'성격이 곧 운명'이라는 말을 들어 봤을 거예요. 사주명리에 딱 들어맞는 이야기입니다. 사주에 있는 여덟 글자를 통해 우리의 성격, 우리의 기질을 추론할 수 있어요. '나는 왜 이렇게 소극적일까', '나는 왜 이렇게 화를 잘 낼까', '나는 왜 이렇게 우유부단할까' 등 우리가 하는 고민의 대부분은 사주명리를 알면 명쾌하게 풀려요. 내 성격에 대한 고민은, 천간의 글자를 제대로 쓰지 못했을 때 생겨요. 소극적인 사람도 적극성을 드러내야 할 때가 있고, 화를 잘 내는 사람도 용서하고 화해할 줄 알아야 해요. 또 우유부단한 사람도 단호하게 결단을 내려야 할 때가 있는 것이죠. 그럼에도 자기의 습관을 고집하면 운명이라는 그물에 걸리게 돼요. 이 책은 '나는 어떤 성격일까'에 대한 힌트를 제시해요. 동시에 자신의 성격과 기질을 잘 쓸 수 있도록 안내하고 있어요. 성격은 한 사람의 독특하고 고유한 특성이에요. 그 특성을 균형 있게 잘 사용한다면, 본연의 아름다움이 드러날 거예요. 성격이 바뀌면 운명도 바뀐다는 사실을 기억해 두세요.

✸ 천간의 궁합 ✸

지금은 친구랑 놀고 공부하는 게 가장 즐거울 때죠. 그래도 친구들과 함께하다 보면 관계에 대한 고민이 생기기 마련이에요. '이 친구는 편하고 좋은데, 저 친구는 불편해서 싫다' 혹은 '얘는 이런 면은 좋은데, 저런 면은 싫다'라는 생각을 해 봤을 거예요. 이런 마음이 들 때는 어떻게 해야 할까요? 재미있는 것은 사주에 있는 글자들도 똑같은 고민을 한다는 거예요. 어떤 글자끼리는 짝꿍처럼 사이가 좋은데, 어떤 글자끼리는 원수처럼 싸워요. 하지만 반전이 있어요. 좋은 관계에서도 갈등이 생길 수 있고, 나쁜 관계에서도 우정이 꽃필 수 있다는 것! 편한 관계가 만드는 조화로움이 있고, 불편한 관계가 만드는 자극이 있는 거예요. 이 원리를 알면, 내 마음에 맞고 편한 관계만 좇아서는 안 된다는 것을 알게 돼요. 책을 통해 나에게 쿵짝쿵짝 잘 맞는 천간은 무엇인지, 티격태격하며 정드는 천간은 무엇인지 확인할 수 있어요.

✷ 인물로 알아보는 천간 ✷

천간을 대표하는 인물들을 선정했어요. 갑목은 BTS 진, 을목은 손흥민, 병화는 조앤 롤링, 정화는 유재석, 무토는 안중근, 기토는 김구, 경금은 잔 다르크, 신금은 마이클 조던, 임수는 세종대왕, 계수는 김연아가 그들이에요. 이들 삶의 여정을 쭉 따라가다 보면, 천간에 담긴 특성들이 고스란히 담겨 있음을 알 수 있어요. 이들이 천간의 특성을 얼마나 유용하게, 혹은 아름답게 구현해 냈는지 보일 거예요. 각 인물의 삶, 신념, 업적 등을 통해 우리의 천간을 잘 쓸 수 있는 방법을 배울 수 있어요.

내 사주 보는 법

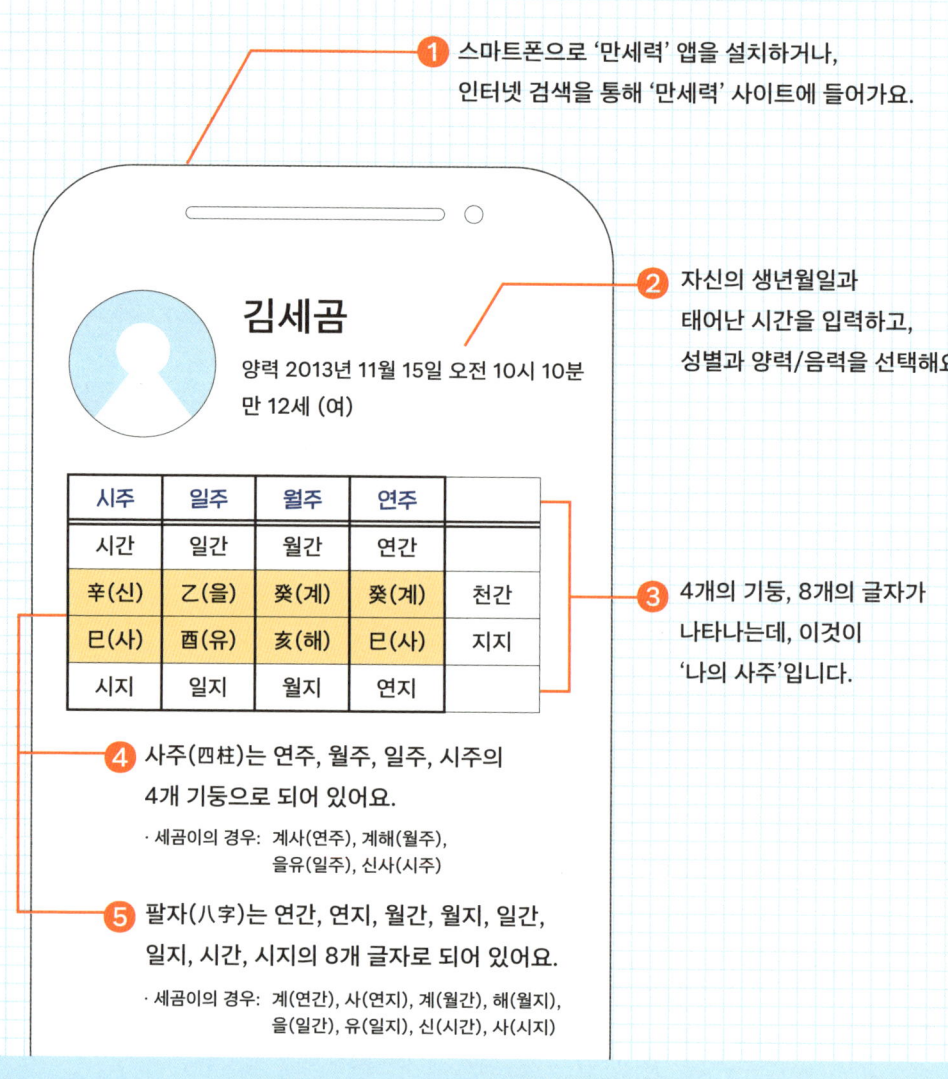

① 스마트폰으로 '만세력' 앱을 설치하거나, 인터넷 검색을 통해 '만세력' 사이트에 들어가요.

② 자신의 생년월일과 태어난 시간을 입력하고, 성별과 양력/음력을 선택해요.

③ 4개의 기둥, 8개의 글자가 나타나는데, 이것이 '나의 사주'입니다.

④ 사주(四柱)는 연주, 월주, 일주, 시주의 4개 기둥으로 되어 있어요.
· 세곰이의 경우: 계사(연주), 계해(월주), 을유(일주), 신사(시주)

⑤ 팔자(八字)는 연간, 연지, 월간, 월지, 일간, 일지, 시간, 시지의 8개 글자로 되어 있어요.
· 세곰이의 경우: 계(연간), 사(연지), 계(월간), 해(월지), 을(일간), 유(일지), 신(시간), 사(시지)

✸ 천간(天干)으로 보는 나의 성격 ✸

辛 신	乙 을	癸 계	癸 계
巳 사	酉 유	亥 해	巳 사

세곰이의 사주팔자(위: 천간, 아래: 지지)

천간은 8개의 글자 중 위에 있는 글자들(癸, 癸, 乙, 辛)을 말해요. 천간을 통해서 우리의 마음이나 성격을 알 수 있어요. 천간 중에서도 일간은 자기를 대표하는 글자예요. 여러분의 일간은 무엇인가요? 만세력을 통해 확인한 다음, 이 책에서 자신의 글자를 찾아보세요. 세곰이의 경우 일간이 '을'(乙)이니 을목을 찾아보면 되겠지요? 다른 친구의 일간을 찾아서 나와 '쿵짝쿵짝' 잘 맞는지, '티격태격' 좀 다른지도 알아보세요. 또 연간, 월간, 시간에는 어떤 글자가 들어 있는지도 봐야 해요. 일간과 함께 내 성격에 대한 힌트를 주는 글자니까요.

→ 지지(地支)는 여덟 글자 중 아래에 있는 글자들을 말해요. 『두근두근! 내 인생의 비밀 찾기 2』에서 지지에 있는 4개의 글자로 자신의 재능이나 행동을 살펴보도록 해요!

내 사주 보는 법

프롤로그

〖1〗
사주란?

사주(四柱)는 4개의 기둥이란 뜻이에요. 사람은 누구나 태어나면서 이 4개의 기둥을 갖고 태어나게 돼요. 태어난 해의 기둥, 달의 기둥, 날의 기둥, 시간의 기둥을요. 이를 각각 해 년(年), 달 월(月), 날 일(日), 때 시(時) 자와 기둥 주(柱) 자를 써서, 연주(年柱), 월주(月柱), 일주(日柱), 시주(時柱)라고 한답니다. 이 기둥은 하늘의 글자인 천간 하나와 땅의 글자인 지지 하나로 만들어지는데, 기둥이 4개니까 글자로는 모두 8글자가 되겠지요? 이것을 바로 4개의 기둥인 사주(四柱)와 8개의 글자인 팔자(八字), 즉 사주팔자라 하고, 이를 읽어 내고 해석하는 학문을 명리학(命理學)이라고 해요. 명리학을 통해서 자신이 어떤 마음을 쓰고 있는지, 성격은 어떤지, 어떤 행동을 하고, 잘

할 수 있는 일은 무엇인지, 그리고 건강은 어떻게 관리할 수 있는지 등을 살펴볼 수 있어요.

이게 가능한 이유는 인간이 자연을 닮았기 때문이에요. 생각해 보면 너무나 당연해요. 우리에게 빛을 감지하는 눈이 있는 것은 하늘에 태양과 달이 있기 때문이에요. 귀가 있는 것은 소리가 있기 때문이고, 발바닥이 평평한 것은 평평한 땅이 있기 때문이지요. 만약 우리가 사는 환경이 지금과 완전히 다르다면? 분명 생김새도 마음도 완전히 다를 거예요. 물고기를 봐요. 우리랑은 너무나 다르게 생겼지요. 그들이 사는 환경이 우리랑은 다르기 때문이에요. 이처럼 모든 생명은 자신이 사는 하늘과 땅의 기운을 닮을 수밖에 없어요. 그리고 탄생의 순간 자신이 놓여 있는 자연의 에너지를 가지고 세상에 나와요. 우리가 가지고 태어난 자연 에너지가 바로 사주로 드러나는 거예요. 내가 태어난 연월일시의 자연 에너지가 8개의 글자로 표현되는 거지요.

이렇게 태어난 우리는 자연의 리듬에 맞춰 살아가요. 봄이면 새싹이 돋고, 여름이면 꽃이 피고, 가을이면 열매를 맺고, 겨울이면 씨앗을 만드는 자연처럼, 우리도 자연의 리듬에 맞춰 살아가요. 자신이 하늘과 땅을 닮았고, 그 변화의 리듬에 맞춰 살아가는 존재라고 생각해 본 적이 있나요? 이렇게 생각하면 나라는 존재가 하늘까지 땅끝까지 확장되는 느낌이 들지 않나요? 마음이 아주 넓어져요. 그래서 사주를 공부한다는 건 하늘의 원리를 공부해서 그 하늘을 닮은 내 마음을 안다는 것이고, 땅의 원리를 공부해서 그 땅을 닮은 내가 어떻게 살아갈지를 안다는 것이에요. 사주 공부, 재밌겠지요?

〚2〛
음양오행이란?

o 음양

옛날 사람들은 최초의 세상을 '혼돈'이나 '무'(無)와 같이 아무것도 없는 세상, 질서가 전혀 없는 세상이라고 생각했어요. 그렇게 아무 일도 일어나지 않던 세상에 작은 소용돌이가 생기면서 뭉쳐 있던 것들이 운동하기 시작했어요. 태양, 달, 별, 산, 바다 등이 생겼고 사람, 식물, 동물도 활동하기 시작했지요.

이렇게 세상이 돌아가는 것을 가만히 관찰해 보니, 어떤 질서가 있다는 것을 발견하게 되었어요. 그것이 바로 '음'(陰)과 '양'(陽)이에요.

음양을 어떻게 구분할까요. 우리가 매일매일 보내는 하루를 기준으로 설명해 볼게요. 우리는 아침이 오면 일어나서 활동을 해요. 학교도 가고 자전거도 타면서 활발하게 움직이기 시작하지요. 태양이 뜨면 날이 밝아지고 날씨가 따뜻해지기 때문이에요. 이것을 양의 운동이라고 해요. 반면, 밤이 되면 활동을 멈춰요. 집에 들어가서 일기를 쓰고 휴식을 취하죠. 태양이 지고 달이 뜨면 날이 어두워지고 날씨가 추워지기 때문이에요. 이것이 음의 운동이에요. 그렇다면 이렇게 말할 수 있겠네요. 태양, 밝음, 따뜻함은 양에 속하고, 달, 어두움, 차가움은 음에 속한다고요. 양은 밖으로 펼쳐지고, 드러나고, 움직이고, 상승하고, 활동하는 등 동(動)적인 상태를 의미해요. 반면에 음은 안으로 움츠러들고, 감추고, 정지하고, 하강하고, 휴식하는 정(靜)적인 상태를 말하지요. 한마디로 양은 시끌벅적하고 적극적인 데 반해, 음은 조용하고 소극적이라고 할 수 있어요.

세상에는 음양의 원리에 대입해서 볼 수 있는 것들이 많아요. 태어남이 있으면 죽음은 자연스럽게 따라와요. 태어남은 양이고, 죽음은 음에 속해요. 성공이 양이라면 실패는 음에 속하고, 강한 것이 양이라면 약한 것은 음에 속하지요. 이처럼 세상에 음양의 질서를 벗어나는 것은 없어요. 중요한 건, 우리는 양만 골라서 경험할 수 없고 음만 따로 경험할 수도 없다는 거예요. 양에서 음으로, 음에서 양으로 순환하는 과정을 거치며 살아간다는 것을 기억해야 해요.

o 오행
오행(五行)은 '5개의 움직임'이라는 뜻이에요. 오행에는 목(木), 화(火), 토(土), 금(金), 수(水)가 있어요. 오행은 음양이 세분화된 것인데, 음양을 더욱 잘게 쪼갰다고 생각하면 돼요. 오행은 계절과 연결해서 생각할 수 있는데요. 목은 봄, 화는 여름, 토는 환절기, 금은 가을, 수는 겨울에 속해요. 봄에 언 땅을 뚫고 올라온 새싹이 성장하는 모습을 보고 목이라고 했어요. 여름에 잎이 무성해지고 꽃이 활짝 피는 등 화려하게 발산하는 모습을 화라고 했고요. 환절기에는 성장을 멈추고 다음 계절을 준비하는데, 그 모습을 토라고 했어요. 가을에 열매를 단단하게 만들어 결실을 만드는 모습을 보고 금이라고 했고요. 겨울에 모든 활동을 멈추고 다음 봄에 틔울 씨앗을 만드는 모습을 보고 수라고 한 거예요.

음양이 순환하듯, 오행 역시 순환이 중요해요. 서로를 생하고 극하는 관계를 통해 순환하는 거예요. 순환! 굉장히 쉬운 것 같지요? 하지만 실제로는 오행(五行)이라는 글자 안에 순환의 어려움이 담겨 있어요. 오행을 '5개의 단계로 움직인다'라고 해석할 수 있지만, '5개의 단계를 조금씩 절뚝거리면서 나아간다'라고도 해석할 수 있거든요. 생각해 보세요. 봄이 되어 자라기 시작한 나무가 있어요. 위로 계속 솟기만 하면 안 되겠죠? 봄의 시간이 지나면 위로 자라는 것을 멈추고 잎과 꽃을 피워 내는 다음 단계로 넘어가야 해요. 오행의 순환 차원에서 보면, 어려운 일이라 해도 단계를 밟으라고 조언하고 있는 거예요.

〖3〗
10개의 천간은 어떻게 만들어졌을까?

오행을 통해서 세상을 보니, 세상이 더 구체적으로 느껴지지 않나요? 오행이 더욱 분화되어 만들어진 천간과 지지의 세계는 더 생동감이 넘칩니다. 사주에는 4개의 기둥이 있다고 했지요. 그중에서 위에 있는 것을 천간(天干), 아래 있는 것을 지지(地支)라고 해요. 천간은 하늘의 기운을 뜻하고, 지지는 땅의 기운을 뜻해요. 천간을 보면 우리의 마음이 어떻게 움직이고 있는지 알 수 있고, 지지를 보면 그 사람의 행동이나 건강 상태를 알 수 있어요. 예를 들어 천간은 여름의 기운, 양의 기운을 가진 글자들로 이루어져 있는데, 지지에는 겨울의 기운, 음의 기운을 품고 있는 글자들이 많다면, 이 친구는 하고 싶은 것은 많지만 실천하는 것은 조금 어려워할 수 있어요. 물론 글자의 개수에 따라, 위치에 따라 다양한 해석이 가능해요. 그러기 위해선 먼저 천간과 지지가 어떤 성격을 가지고 있는지 알아야겠지요? 자, 천간부터 시작이에요.

　천간은 오행을 다시 음양으로 나누어 10개로 만들었어요.

그래서 십간(十干)이라고 부릅니다. 갑(甲), 을(乙), 병(丙), 정(丁), 무(戊), 기(己), 경(庚), 신(辛), 임(壬), 계(癸)가 바로 그것이지요. 먼저, 목을 음양으로 나누어 봐요. 그러면 양목인 갑목과 음목인 을목이 됩니다. 화는 양화인 병화와 음화인 정화로, 토는 양토인 무토와 음토인 기토로, 금은 양금인 경금과 음금인 신금으로, 수는 양수인 임수와 음수인 계수로 나누었어요.

천간(天干)은 하늘(天)의 줄기(干)를 의미해요. '하늘의 줄기'는 무슨 뜻일까요? 천간에 10개의 글자가 있다고 했지요? 고대 중국에서는 '10'(十)이라는 숫자를 매우 중요하게 생각했어요. 가장 완전한 수가 10이라고 믿었거든요. 고대 중국에서는 하늘 또한 완전하다고 믿었기 때문에, 하늘에 관련된 이야기를 할 때에 숫자 10을 자주 썼어요. 그중에서 '10개의 태양'이라는 신화에 대해 이야기해 볼게요. 아주 옛날, 세상에 10개의 태양이 있었어요. 그 태양을 여신 희화가 정성스럽게 돌보고 있었지요. 희화는 하루에 한 번 원래 떠 있던 태양을 거두어들이면서 새 태양을 올려보냈어요. 그러던 어느 날, 10개의 태양이 동시에 뜨게 된 사건이 발생한 거예요. 으악! 세상이 얼마나 뜨거웠을까요. 불바다가 된 느낌이었을 거예요. 이때 요 임금님의 신하였던 예라는 인물이 나타나 9개의 태양을 활로 쏘아 죽였어요. 그렇게 한 개의 태양만이 남게 되었다는 이야기예요.

십간은 10개의 태양이 교대로 하늘에 뜨는 것을 상상하며 이름을 붙인 거예요. 첫 번째로 올라간 태양을 갑목, 두 번째로 올라간 태양을 을목, 세 번째로 올라간 태양을 병화라고 했어요. 열 번째로 올라간 태양이 계수가 되는 것이죠. 하늘의 줄기를 10개로 나누었다는 의미로도 볼 수 있어요.

천간은 하늘에서 일어나는 변화를 10단계로 보여 주고 있어요. 갑목은 한 해의 시작이라고 할 수 있는 초봄에 해당하고, 을목은 늦봄에 해당해요. 병화는 초여름, 정화는 늦여름이 되고, 무토와 기토는 환절기가 됩니다. 경금은 초가을, 신금은 늦가을이 되고, 임수는 초겨울, 계수는 늦겨울이 돼요. 십간이라고 하면 어려울 수 있지만, 계절을 떠올리면 그렇게 어렵게만 느껴지지는 않을 거예요.

[4]
우리의 마음을 보여 주는 천간

천간은 하늘이면서 동시에 우리의 마음이라고 했지요. 생각해 보세요. 우리 안에 어떤 마음이 몽글몽글 생겨야 행동으로 옮기게 되지 않나요? 예를 들어 볼게요. 어떤 친구를 좋아하는 마음이 생기면 저절로 그 친구에게 말을 걸고 선물을 주게 되지요. 과학자가 되고 싶다는 마음이 생기면 유명한 과학자에 대해 조사하고, 과학에 관련된 책이나 영상을 보며 공부를 할 거예요. 이처럼 천간, 곧 마음은 우리의 행동에 중요한 원동력이 된답니다. 그래서 천간을 안다는 것은 내 안에 어떤 마음이 꿈틀거리고 있는지 보는 일이기도 해요.

천간을 통해 우리의 마음을 살짝 읽어 볼까요? 8개의 글자 중에 '목'(갑목, 을목)이 많은 사람은 어떨까요? 봄날의 새싹처럼 순수하고 자신감이 넘칠 거예요. 새로운 아이디어가 마구 떠올라서 하고 싶은 게 많은 사람일 것이고, 목표를 세우고 전진하는 힘이 강할 겁니다. '화'(병화, 정화)가 많은 사람은 여름의 태양처럼 열정적이고 활동적일 거예요. 감정을 숨김없이 표현하고, 화려하게 자기를 꾸미는 사람도 많아요. 겉으로 드러나는 것이 중요해서 예의도 바르고요. '토'(무토, 기토)가 많은 사람은 중간을 선호해요. 따뜻한 계절과 추운 계절 사이를 연결하듯 사람들 사이를 연결하고, 갈등이 있으면 중재를 하기도 합니다. '금'(경금, 신금)이 많은 사람은 열매를 맺기 위해 잎사귀를 매섭게 떨어뜨리는 가을의 기운을 닮아 맺고 끊는 것이 정확해요. 열매를 맺듯이 무슨 일을 하든 결실과 결과를 중요하게 생각하는 경향이 있어요. '수'(임수, 계수)가 많은 사람은 지혜로워요. 겨울에는 주로 집에서 시간을 보내곤 하죠. 휴식하고 저장하는 시간이에요. 자신의 경험이나 생각을 저장하고 곱씹어 생각하니 지혜가 늘어나죠. 주변에 어른스러운 친구가 있다면 '수'가 많을 가능성이 있어요.

천간을 공부하면서 꼭 기억해야 할 것이 있어요. 우리의 마음은 갑, 을, 병, 정, 무, 기, 경, 신, 임, 계라는 흐름을 탄다는 거예요. 어떤 일을 하든 시작을 하고, 그 일을 마음껏 펼치고, 멈추어 정리하고, 결실을 맺고, 다음 단계를 위한 계획을 짜는 과정을 거쳐야 해요. 천간을 안다는 것은 자연의 흐름에 따라 흘러가는 마음의 리듬을 배운다는 것이거든요. 자! 그렇다면 이제부터 알아보기로 해요. 내 성격은 어떤지, 우리 마음은 어떤 방향성을 가졌는지 말이에요. 그러면 내 마음이 어디에 치우쳐 있는지 알 수 있어요. 누군가는 시작만 하려고 하고, 누군가는 결과만 내려고 할 거예요. 나의 그런 치우침을 발견하면 이제 균형을 찾으려고 노력하면 돼요. 그것이 명리학을 공부하는 보람이랍니다.

01. 갑목

甲木

새로운 건 늘 짜릿한 갑목

갑목의 상징

#초봄 #나무 #새싹 #죽순

갑목은 한 해의 시작이라고 할 수 있는 초봄에 속해요. 초봄은 어떨까요? 봄을 영어로 스프링(spring)이라고 하는데요. 우리가 알고 있는 스프링(용수철)과 이름이 같아요. 스프링을 꾹 눌렀다 손을 떼면 툭 튀어나가죠. 겨울 동안 움츠러들었던 몸과 마음이 봄이 되면 스프링이 튀어나가듯 움직이기 시작하는 거예요. 날씨가 점점 따뜻해지니 밖에 나가서 노는 일이 늘어나고, 하고 싶은 것도 뭉게뭉게 피어오르죠. 그래서 많은 사람들이 이때 계획을 세우곤 해요. 초봄으로 한 해를 시작하듯, 갑목은 무언가를 시작할 수 있는 힘을 가지고 있어요.

갑목은 나무, 새싹, 죽순을 떠올리면 이해하기 쉬워요. 모두 위를 향해 올라가는 모습을 떠올릴 수 있지요. 나무는 하늘을 향해 거침없이 자라고, 새싹은 겨울 동안 단단해진 흙을 뚫고 오르는 강력한 생명력을 가지고 있어요. 새싹이 겉으로 보기에는 연약해 보일 수 있지만, 얼어붙은 땅을 뚫고 오르는 엄청난 힘을 간직하고 있거든요. 죽순도 마찬가지예요. 우후죽순이라는 말이 있지요. 비 온 뒤에 죽순이 여기저기 솟아나는 것을 표현한 것인데요. 죽순은 '신발을 뚫고 솟아오른다'라는 말이 있을 정도로 기세가 대단합니다. 이처럼 갑목은 엄청난 힘을 뿜어내며 세상에 등장하지요.

갑목의 성격

성장하고 싶어요!

갑목은 성장하는 것을 좋아해요. 갑목의 상징인 나무나 새싹을 보세요. 하루가 다르게 자라는 모습을 볼 수 있어요. 성장하고 싶어 하는 사람은 뭔가를 보면 빨리 배우려고 해요. 세상의 지식, 훌륭한 사람들의 장점 등을 받아들이며 성장하는 겁니다. 더 나은 사람이 되려고 노력하는 사람이라고 할 수 있겠지요. 한편 독립심이 강한 갑목은 성장을 할 때에도 누군가에게 의존하지 않아요. 혼자서 뚫고 올라가려는 의지가 대단합니다. 스스로의 힘으로 성공하고, 드러나려고 하지요. 하루가 다르게 성장하는 나무처럼, 선두에 설 수 있는 에너지로 활발하게 운동하는 겁니다.

그런데 성장을 중요하게 생각하는 사람은 실패에 익숙하지 않겠죠? 열심히 해도 안 되는 일을 만나면 스트레스를 받을 수도 있어요. 갑목은 다른 일간에 비해 더 큰 스트레스를 받게 되는데, 이유는 남보다 빨리 성장하고 싶다는 마음 때문이에요. 성장을 멈춘다는 느낌은 갑목에게 존재 이유가 사라지는 것과도 같거든요. 무언가를 성취하는 것도 중요하지만, 실패를 통해서도 세상을 배울 수 있다는 점을 잊지 마세요.

창의적인 생각이 뿜뿜

갑목은 봄에 만물이 새롭게 피어나듯 늘 새로운 시작을 꿈꿔요. 남들과 '똑같이' 하기보다, '새롭게' 하는 것을 좋아해요. 그래서 다른 사람들이 갑목을 보면, '못 보던 것을 하네?'라고 생각하기도 해요. 이런 창의적인 생각들이 마구 떠오르는 게 바로 갑목입니다. 갑목은 창의력을 기반으로 어떤 분야의 개척자가 되는 경우가 많아요. 샘솟는 아이디어들이 갑목의 추진력과 돌파력을 만나면 어떤 일이든 해낼 수 있기 때문이에요.

단, 주의해야 할 것이 있어요. 창의력이라는 것은 새로운 일을 추진할 때는 굉장히 좋아요. 그런데, 창의력이 잘 발달된 사람의 경우에는 시작한 일을 마무리하지 못하는 경우가 많아요. 자꾸 기발한 아이디어가 떠오르거든요. 그러다 보니 시작한 일을 마무리하기도 전에 자꾸 다른 일을 또 시작하려고 합니다. 이런 상황이 반복되면 "쟤는 열심히 하는 것 같은데, 결과를 내지 못하네"라는 말을 들을 수 있어요. 마무리하는 습관을 기르자고 다짐해 봅시다!

거칠지만 따뜻한 리더

갑목은 천간의 첫 글자예요. 천간의 맨 앞에 서 있는 '천간의 리더'이기도 합니다. 갑목의 리더십은 인(仁)의 리더십이에요. 인은 무슨 뜻일까요? '어질다', '인정이 많다'는 뜻을 가지고 있어요. 갑목의 계절은 초봄이라고 했어요. 봄은 만물을 살리는 계절이에요. 날이 따뜻해지니 새싹이 무럭무럭 자라고, 동면에 들었던 동물들도 깨어나요. 모든 것이 살아 움직이기 시작하지요. 마찬가지예요. 갑목은 얼어붙은 땅을 뚫고 올라올 정도로 거칠고 큰 힘을 가지고 있는 것 같지만, 마음이 여리고 따뜻해요. 어려운 사람을 보면 도와주고 싶어 하고, 다른 사람의 고통에 공감하는 능력이 있어요. 무척 훌륭한 자질이지요.

그렇지만 리더가 되었을 때에는 좀 더 공정하고 객관적인 모습이 필요할 때가 있어요. 갑목의 경우에는 인정에 끌리다 보니, 때때로 공정성을 놓칠 때가 있어요. 자신의 감정에 따라 성과를 판단하거나, 불공정한 결정을 내리기도 해요. 리더가 공정하지 않다고 생각하면 소중한 사람들이 곁을 떠나는 경우도 생길 수 있겠죠? 갑목은 자신이 공정성을 잃지 않았는지 늘 점검할 필요가 있어요. 이 점을 주의하면 훌륭한 리더가 될 수 있답니다.

갑목의 궁합

기토(己土)와 쿵짝쿵짝 잘 맞아요!

갑목은 큰 나무를 상징하는데, 이 나무가 성장하려면 비옥한 땅이 필요해요. 무토와 같은 황무지에서는 나무가 쑥쑥 자라기 어렵거든요. 하지만 기토는 촉촉하고 영양분이 가득해서 갑목이 성장하기에 좋아요. 그래서 갑목은 기토를 보면 단짝을 만난 기분이 들어요. 자꾸 위로 솟아오르려고 하는 갑목은 생명력이 넘치는 것처럼 보이지만, 때로는 무모하게 느껴지기도 하지요. 이에 반해 기토는 매사에 신중을 기하고, 중심을 잡으려고 해요. 그래서 갑목은 이런 기토를 만나면 '내가 너무 급했나' 하고 생각해 보게 돼요. 만일, 갑목이 자기 기질대로만 행동하면 어떨까요? 새로운 아이디어가 떠오를 때마다 막무가내로 일을 시작할지도 몰라요. 이때 갑목이 기토의 신중함과 꾸준함을 배운다면 시작한 일을 끝까지 밀고 나갈 수 있어요. 그러면 시작뿐 아니라 마무리도 잘 해낼 수 있어요. 물론, 기토가 너무 강하게 작용하면 갑목의 독립심이나 생명력이 위축될 위험이 있으니 적절한 조화가 필요하답니다.

경금(庚金)과 티격태격 좀 달라요!

갑목은 새롭게 시작하는 것을 좋아하는데, 경금은 시작에 앞서 결과부터 생각해요. 갑목은 계획 없이 도전하는 것을 즐기는데, 경금은 계획 없이는 아무것도 하지 않으려고 해요. 그래서 갑목은 경금을 만나면 답답한 마음이 들 수 있어요. 하지만 갑목은 경금과 함께 있으면 널뛰는 생각이 정돈돼요. 또 자신의 새로운 모습을 발견하기도 해요. 경금은 도끼처럼 금속으로 된 도구를 상징하지요. 나무가 도끼에 의해 잘리면 나무는 쓰러져 죽어요. 하지만, 그 나무는 책이나 책상, 침대로 새롭게 태어나기도 해요. 이처럼 갑목은 경금을 만나면 자신이 생각하지도 못했던 모습으로 탈바꿈할 수 있어요. 티격태격하는 것 같지만 갑목에게는 꼭 필요한 친구라고 할 수 있어요.

인물로 알아보는 갑목

갑목 일간인 BTS 진은 어떨까요? 갑목은 어디에 있어도 눈에 띄기 마련인데요. 진이 그렇습니다. 수려한 외모로 눈길을 끌기도 하지만, 엉뚱한 소리를 해서 사람들의 주목을 받기도 하지요. 진은 한마디로 '성장캐'라고 할 수 있어요. 갑목은 성장하고 싶어 한다고 했죠? 진은 BTS에서 서브 보컬을 맡고 있는데요. 보컬 트레이너들이 "이전 앨범에 비해 가장 큰 변화를 보여 주는 가수다"라고 평가하곤 해요. 콘서트 투어 중에도 실력이 늘어 깜짝깜짝 놀란다고 합니다. 노래만이 아니에요. 데뷔 초만 해도 어색한 춤으로 단독샷을 얻지 못했던 진이었지만, 지금은 고난이도의 동작까지 훌륭하게 소화한다고 하죠. 이 정도면 성장캐 맞죠?

성장하고 싶은 진이 기토를 만나면 무럭무럭 자라날 수 있어요. 기토는 비옥한 토양이어서 갑목인 나무가 자라기 좋은 환경을 만들어 주거든요. 진을 물심양면 지원하고 응원하면 몰라보게 성장한 진을 만날 수 있을 거예요. 경금을 만나면 어떨까요. 진은 이것저것 하고 싶은 것이 많은 사람이에요. '이거 해 볼까, 저거 해 볼까' 아이디어가 꼬리를 물어요. 이럴 때 경금을 만나면 좋아요. 불필요한 관심은 잘라 내고 하나에 집중하면, 새로운 변신을 꾀할 수 있을 거예요.

02.

을목

乙木

○ 같이하는 게 제일 재밌는 을목 ○

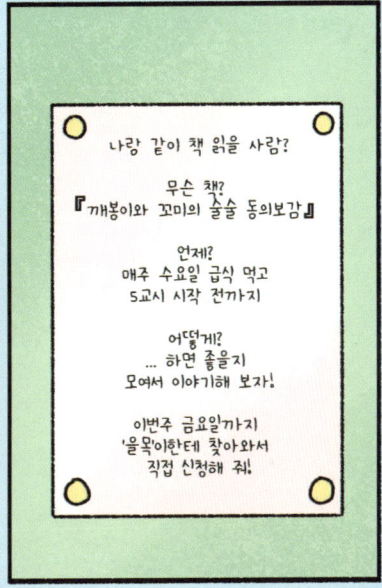

을목의 상징

#늦봄 #덩굴식물 #풀

을목은 봄이 한창 무르익은 늦봄에 속해요. 힘 있게 출발한 봄을 마무리하는 기운이라고 할 수 있어요. 초봄에는 봄바람의 기운을 타고, 설렘에 이런저런 일을 마구 시작할 수도 있어요. 그런데 늦봄에는 기분에 따라 떠오르던 생각들이 정리됩니다. 한 계절을 마무리하는 기운이기 때문에 무엇을 시작하든 결실을 염두에 둔다는 특징이 있어요.

을목은 덩굴 식물, 풀에 빗댈 수 있습니다. 덩굴식물을 한 번 떠올려 보세요. 갑목의 나무가 혼자만의 힘으로 위로 직진해서 올라간다면, 을목의 덩굴식물은 나무나 벽을 타고 옆으로 이동하며 위로 올라간다는 차이가 있어요. 위로 올라가다가 장애물이 생기면 덩굴식물은 그 장애물마저 타고 올라가죠. 그래서 생명력이 강하다고 합니다. 풀도 마찬가지예요. 농사짓는 사람들은 풀을 보면 혀를 내두른다고 해요. 아무리 뽑

아도 자꾸 자라나니 말이죠. 게다가 태풍이 오면 강한 바람으로 인해 나무는 부러져 버리는데, 풀은 바람의 방향에 따라 누워 버리니 꺾일 일이 없어요. 그래서 을목을 두고 '절대 꺾이지 않는' 강한 생명력을 가졌다고 해요.

을목의 성격

'함께하는' 능력

을목은 사람들과 함께하는 것을 좋아합니다. 덩굴식물만 떠올려 봐도 알 수 있어요. 무엇이든 타고 오를 대상이 필요해요. 그것이 때로는 나무일 때도 있고, 담이나 벽일 때도 있지요. 지형지물을 이용해 올라가는 덩굴식물처럼, 을목은 타인의 도움을 받으며 성장해요. 사실, 도움을 받는 것도 능력이에요. 갑목은 자기 힘만으로 올라가려 하기 때문에 다른 사람들의 도움을 간섭으로 생각하기도 하고, 도움을 받으면 자기가 나약하다고 생각하기도 하거든요. 하지만, 을목은 서로가 서로를 도우며 함께 성장하는 것이 당연하다고 생각해요.

게다가 을목은 음과 양 중 '음'의 성격을 가지고 있어 겸손하고 배려심이 많아요. 우리는 겸손한 사람을 보면 도와주고 싶어 하지요? 그렇게 을목은 도움을 받으며 주변 사람들과 함께하는 능력을 발휘하게 됩니다. 그런데 주의할 점이 있어요. 을목은 결실을 맺어야 한다는 생각 때문에 자신의 실속을 채우는 데 급급할 수도 있어요. 또, 다른 사람의 도움을 받는 것에만 익숙해질 수 있어요. 그렇기에 남의 도움을 받는 것에 만족하지 말고, 자기 자신이 도움을 주는 사람이 될 수 있어야 해요. 그렇다면 을목의 기질을 잘 쓸 수 있을 거예요.

유연한 추진력

을목을 보면 '유연함'을 떠올릴 수 있어요. '유연하다'는 것은 어떤 상황이 와도 부드럽게 대처하는 것을 뜻해요. 갑목 같은 경우는 '내 뜻대로, 내가 알아서 한다'는 성질이 있는데, 을목은 '상황에 맞게 대처하겠다'는 성질이 있는 거죠. 장애물이 생겨도 자연스럽게 넘어가는 넝쿨처럼, 어려움이 닥쳐와도 대수롭지 않게 대처해요. 그러다 보니 을목은 좀처럼 위기에 빠지지 않는다는 말을 하기도 해요.

 을목도 목의 성질인 시작하는 힘을 가졌습니다. 그런데 갑목처럼 명분을 가지고 뚝심 있게 시작하기보다, 주변의 상황을 고려하면서 유연하게 추진하는 모습을 볼 수 있어요. 덩굴식물이 지형지물을 이용하거나 틈을 찾아 오르듯이 자유자재로 일을 추진할 수 있는 거예요. 이런 유연함은 널리 뻗어 갈 수 있는 힘을 갖게 됩니다. 많은 분야를 포괄하고 섭렵하려는 성격을 가졌지요. 그런데, 이렇게 확장하는 성격이 크다 보면 한 분야에 대한 집중력이 떨어질 수 있겠죠? 그래서 을목에게는 한 분야를 깊게 파고드는 능력을 키우는 것이 요구되기도 해요.

끈기는 나의 힘

을목은 끈기가 있어요. 하루하루를 성실하게 보내지요. 아무리 사소한 일이라고 해도 정성을 다해서 조금씩 성장하는 것이 바로 을목이거든요. 건물을 덮은 덩굴식물을 떠올려 보세요. 하루하루 조금씩 자라 결국은 건물 전체를 장악해 버렸죠? 아주 작은 힘처럼 보이지만, 그 힘이 모여서 굉장한 결과를 만들어 내는 잠재력을 가졌어요. 을목은 결과를 내겠다는 마음으로 시작을 해요. 그렇기 때문에 끈기를 가지고 밀고나가는 힘을 발휘할 수 있는 거예요. 그래서일까요. 을목은 쉽게 얻는 결실에는 관심이 없어요. 자기 자신이 노력한 만큼 결과를 얻는 것을 좋아하지요. 자꾸 손쉽게 좋은 결과를 얻다 보면, 노력이라는 것이 얼마나 값진 것인지 알 수 없거든요.

무슨 일이든 끈기를 갖고 한다는 것은 굉장한 장점인데요. 싸움도 끈기 있게 합니다. 화끈하게 싸우고 끝내는 것이 아니라, 장기전으로 끌고 가는 경우가 많아요. 이렇게 되면 그 과정에서 감정이 쌓이고, 관계가 회복되지 않는 경우도 많겠지요. 이럴 때는 끈기를 과감하게 포기하는 것도 필요하답니다.

을목의 궁합

경금(庚金)과 쿵짝쿵짝 잘 맞아요!

을목은 부드러운 줄기로 유연하게 벽을 타고 올라가는 덩굴식물이라고 했어요. 그런데 을목처럼 유연한 것이 형체를 이루려면 딱딱한 성질이 필요해요. 경금의 단단함이 을목의 부드러운 줄기를 잡아 주면 골격이 생기고, 점점 튼튼해져요. 을목은 유연하기 때문에 원칙 없이 흘러가기 쉬워요. 유연함은 큰 장점이기는 하지만, 때로는 주변 상황에 따라 크게 흔들릴 수 있어요. 그래서 경금을 대표하는 성질인 질서와 원칙을 배우게 되면, 스스로 확신을 가지고 나아갈 수 있어요. 이렇게 하면 을목의 유연함이 더욱 빛날 거예요. 을목은 장애물이 있으면 타고 넘어가고, 벽이 있으면 기어 올라가는데요. 그러다 보면 목표를 잃어버릴 수 있어요. '내가 어디로 가고 있었지?' 생각하게 되는 거예요. 이럴 때 목표가 확실한 경금이 을목의 방황을 바로잡아 줄 수 있어요. 그런데, 경금이 너무 강하게 작용하면 을목의 넓은 관계를 지나치게 좁힐 수 있으니 주의해야 해요!

신금(辛金)과 티격태격 좀 달라요!

을목은 유연하지만, 그래서 대충대충 넘어가는 경우가 있어요. 그런데 꼼꼼한 신금은 하나를 완벽하게 마무리하지 않으면 다음으로 넘어가지 못해요. 을목은 임기응변에 능한데 신금은 논리가 치밀해요. 을목은 이런 신금을 만나면 긴장해요. 하지만 을목은 신금과 함께 있으면 원칙 없이 했던 행동과 말을 점검하게 돼요. 이 과정을 잘 거치면 주변 사람들에게 신뢰를 얻을 수 있어요. 상황에 따라 말이 자주 바뀌면 주변의 친구들은 의아해할 수 있거든요. "쟤 말은 귀에 걸면 귀걸이, 코에 걸면 코걸이 아니야?"라고요. 꼼꼼하게 논리를 만들어 내는 신금의 기질을 잘 배우면, 이래도 좋고 저래도 좋다고 하는 을목의 우유부단함을 고칠 수 있어요.

인물로 알아보는 을목

'2020년대 대한민국을 상징하는 스포츠 영웅' 하면 떠오르는 인물은 손흥민이죠. 손흥민의 이력은 특이합니다. 그는 어릴 때부터 축구선수였던 아버지에게 축구를 배웠다고 해요. 승리를 쟁취하기 위한 축구가 아닌, 즐기는 축구를 하게 된 것도 아버지로부터 배운 정신이라고 할 수 있어요. 축구를 배울 때 화려한 기술보다는 기본기를 쌓는 데 공을 들였다고 하는데요. 기본기가 갖추어지지 않으면 실력이 들쑥날쑥하고 안정적인 경기를 보이기 힘들다는 것을 잘 알았기 때문이에요.

손흥민은 하루하루 성실하게 끈기를 가지고 실력을 닦는 을목의 힘을 지녔다고 할 수 있어요. 그런데, 을목처럼 하던 것만 계속 연습하면 어떻게 될까요? 마무리가 되지 않겠지요. 경금처럼 단호하게 마무리를 해야 다음 단계로 넘어갈 수 있어요. 그래야 더 높은 단계의 기술도 단련할 수 있으니까요. 그렇다면 신금은 어떤 영향을 미칠까요? 덩굴식물과 같은 을목은 말을 할 때에도 두서없이 하기 쉬워요. 그런데 신금에게

서 치밀한 논리를 배우면 원칙을 가지고 말하게 돼요. 손흥민은 한국 축구 대표팀 주장이에요. 지금은 토트넘 주장이기도 하지요. 그가 골을 넣고 인터뷰를 하면서 일관되게 하는 말이 있어요. '이 골은 우리 팀이 함께 만든 것이다'라는 거예요. 이처럼 확실한 원칙이 없다면, 어느 날은 '누가 어시스트를 잘해서' 골을 넣었다고, 어느 날은 '운이 좋아서' 우승이 가능했다고 말했을지도 몰라요. 하지만, 손흥민은 축구가 팀플레이라는 것을 확실하게 알고 있는 것이에요. 이런 원칙이 있으니 혼자서만 잘해서는 승리가 가능하지 않다고 말할 수 있는 것입니다.

03.

병화

丙火

뭐든지 빨리 해치우는 병화

병화의 상징

#초여름   #태양   #불나방

병화는 계절로 초여름에 속해요. 초여름에는 자고 일어나는 족족 세상이 달라져 있어요. 꽃이 활짝 피어 있고, 잎사귀가 훌쩍 커져 있지요. 만물이 빠른 속도로 자라나듯이, 사람들도 이때가 되면 분주해집니다. 동에 번쩍, 서에 번쩍이라는 말 들어 봤지요? 사방으로 거침없이 기운을 발산하며 안에 축적된 기운을 남김없이 펼치는 때예요. 자신의 능력을 마음껏 드러내는 것이죠.

　병화는 태양, 불나방 등을 떠올릴 수 있어요. 태양은 빛으로 온 세상을 밝힙니다. 세상 구석구석을 따뜻하게 해주는 힘이에요. 한편, 태양은 강렬해요! 높게 뜬 태양은 눈에 확 띄어요. 그래서 병화는 '주인공은 나'라고 생각하는 거예요. 활짝 핀 꽃도 비슷한 면이 있어요. 길에서든 혹은 잘 꾸며놓은 정원에서든 활짝 핀 꽃은 눈에 확 띄지 않나요? 이처럼 병화는 자신이 할 수 있는 만큼 최선을 다해 꽃을 피워요. 그렇게 정원의 주인공이 되는 것이죠. 또 불나방도 떠올릴 수 있어요. 자신이 세운 목표를 향해 뛰어드는 모습이 마치 불빛을 향해 날아가는 불나방과 닮았거든요. 이처럼 병화는 자신을 뽐내며 세상에 등장합니다.

병화의 성격

공명정대한 기운

태양은 빛으로 세상을 밝힌다고 했지요? 빛은 옳고 그름을 가려내고, 어둠을 몰아내요. 그렇기 때문에 병화를 일간으로 가진 사람은 무언가 잘못됐다고 생각하면 바로잡으려고 합니다. 자신의 밝음으로 세상을 구하려 하고, 불의를 보면 참지 못하고, 모든 일을 공명정대하게 처리하려고 해요. 친구가 괴롭힘을 당하면 도와주는 것, 학교의 규칙에 문제가 있으면 고치려고 하는 것도 이에 속해요. 병화는 세상의 어둠을 밝히고, 시비를 명명백백하게 밝히는 것을 자신의 의무라고 생각하는 거예요. 그래서 문제의 한가운데에 불나방처럼 뛰어드는 경향을 보이기도 하지요.

불합리한 것을 참지 못하고 바꾸려고 하는 것은 선한 일이에요. 하지만 냉정한 판단력도 함께 필요합니다. 병화는 불처럼 타오르는 자신의 감정에 빠져 눈앞에 있는 함정을 보지 못하기도 하거든요. 혹은 자기 생각이 무조건 옳다는 착각을 하기도 해요. 감정이 뜨겁게 달아오를수록 상황을 냉정하게 보려고 노력해야 해요.

빛처럼 빠른 속도

'속도' 하면 병화가 떠오릅니다. 어제 봤던 꽃봉오리가 다음 날 아침이면 활짝 피는 초여름처럼, 병화는 모든 일에 속도를 내곤 해요. 그러다 보니 매사에 화끈하고 무슨 일이든 거침없이 달려갑니다. 굉장히 활달하고 활동력이 강한 사람이라고 할 수 있어요. 목표를 설정하고, 자기 자신이 리더가 되어 그 일을 추진하는 능력도 굉장히 좋습니다. 이런 능력 덕분에 병화는 많은 성과를 내고, 어디를 가든 눈에 띄기도 하는 거예요. 일의 속도도 빠르지만, 사람들과 친해지는 속도도 정말 빨라요. 처음 만난 사람과도 서먹할 틈 없이 급속도로 친해지고, 분위기를 따뜻하게 만들어요. 또 태양이 공평하게 세상을 비추듯 소외되는 사람 없이 모두를 따뜻하게 대하는 미덕도 있지요. 그래서일까요. 병화를 가진 사람이 있으면, 분위기가 어둡거나 가라앉는 경우가 거의 없답니다.

그런데 속도가 빠르다는 것은 실수가 많고, 생각을 깊게 할 여유가 없다는 뜻이기도 해요. 남의 말을 귀 기울여 듣지 못하고, 뒤를 돌아보며 자신의 말과 행동을 곱씹기보다는 앞으로 나아가는 데 급급한 경우가 있어요. 이런 점들을 반성하지 않으면 똑같은 실수를 매번 반복하게 되겠죠? 그러니 병화는 자잘한 실수도 돌아보는 세심함을 길러야 할 거예요. 그렇게만 된다면 빠른 속도가 장점으로 작용할 수 있어요.

화려한 게 좋아요

엄청난 빛을 뿜어내는 태양을 보면 눈이 부셔 제대로 쳐다보기 힘들죠. 계절로 봐도 그래요. 가장 화려한 때라고 할 수 있어요. 잎이 무성하고 꽃이 만발해요. 병화도 화려한 것을 좋아해요. 주변에 화려한 색깔의 옷을 입는다거나, 꾸미기를 좋아하는 사람이 있다면 사주에 병화가 많을 수 있어요. 폼생폼사라는 말을 들어 봤나요? '폼에 살고, 폼에 죽는다'라는 뜻인데, 병화에게 어울리는 말이기도 해요. 일단 화려하게 펼쳐야 하고, 그것을 통해 주목받는 것을 좋아합니다. 한번 생각해 봐요. 꽃이 화려하게 피는 계절이면 꽃구경하러 나가잖아요. 사람들은 만발한 꽃 주위로 몰려들기 마련이죠. 이처럼 병화는 늘 주변에 사람이 끊이지 않습니다. 아는 사람도 많고, 인기도 많아요.

그런 병화의 멋진 모습에 모두들 감탄을 하지만, 약점도 있어요. 외모를 꾸미다가 사치에 빠질 수 있다는 점이에요. 자꾸 지름신이 강림하는 것이죠. 이를 방지하려면 용돈기입장을 쓰면서, 용돈을 계획성 있게 쓰는 습관을 들여야 할 거예요. 그리고 또 기억해야 할 것이 있어요. 외부를 꾸미는 것도 중요하지만, 자기 안의 마음을 돌보는 것도 중요하다는 것이에요. 내면을 아름답게 만드는 노력도 필요하다는 점, 잊지 마세요.

병화의 궁합

신금(辛金)과 쿵짝쿵짝 잘 맞아요!

양기가 지나친 병화는 불꽃과 같아요. 눈부시게 화려하지만 금세 흩어져 버리게 됩니다. 병화가 오래도록 꽃을 아름답게 피우려면 이런 지나친 양기를 잡아 줄 음기가 필요해요. 그래서 딱딱하게 굳은 신금을 만나면 좋답니다. 신금은 병화가 꽃이라는 형체를 만들 수 있도록 도와줘요. 그리고 병화는 속도가 너무 빨라 문제를 일으킬 수 있다고 했는데요. 병화가 신금처럼 완벽을 추구하려고 하면 저절로 속도가 조절되기도 해요. 그뿐만이 아니에요. 신금은 병화가 생각지도 못한 디테일을 제시하며 질문을 던집니다. "왜 그렇게 빨리 해야만 해?" "왜 주목을 받아야 해?" 등등. 병화는 이런 질문에 세심하게 답을 하면서 통찰의 힘을 얻게 되는 거예요. '속도'보다, '인기'보다 중요한 것이 무엇인지 생각하게 되는 것이죠. 물론, 신금의 지나친 꼼꼼함은 병화의 자유로움을 억압하고 움츠러들게 할 수 있으니 적절한 조화를 이루면 좋겠어요.

임수(壬水)와 티격태격 좀 달라요!

병화는 일상의 변화보다 세상의 변화에 관심을 기울여요. 그래서 병화는 현실감각이 떨어지기 쉬워요. 이에 반해 임수는 모든 것을 현실에 기반해서 생각해요. 병화는 자기 속을 다 드러내는 편이어서 숨기는 것이 없는 데 반해, 임수는 속을 알 수 없다는 말을 자주 들어요. 병화는 이런 임수를 만나면 답답한 마음이 들어요. '저 친구는 도대체 무슨 생각을 하는 거지'라는 생각이 들거든요. 하지만 병화는 임수와 함께 있으면 자신의 무모함을 조절할 수 있어요. 그리고 솔직함이 무조건 좋은 게 아니라는 것도 배우게 되죠. 때와 장소를 가려, 적절한 타이밍에 자신의 감정을 드러내는 노하우를 배우게 되는 거예요. 그래도 주의할 것이 있어요. 불이 나면 물로 불을 끄죠? 임수의 속성이 너무 강하면 병화의 장점까지도 꺼질 수 있으니 주의해야 해요!

인물로 알아보는 병화

전 세계에서 가장 많이 팔린 소설 시리즈가 뭘까요? '해리 포터'입니다. '해리 포터'를 쓴 작가가 바로 병화 일간의 조앤 롤링이에요. '해리 포터'는 출간 후에 폭발적인 인기를 얻었고, 지금까지 그 인기가 사그라들지 않았어요. 이 책으로 안데르센상 등 권위 있는 문학상을 휩쓸기도 했으니 대단하지요.

그런데 작가 조앤 롤링은 성격이 무척 급하다고 해요. '해리 포터'가 탄생한 배경도 급한 성격과 연관이 있어요. 조앤 롤링이 런던으로 가는 길이었는데요. 기차에 문제가 생겨 4시간 동안 멈춘 적이 있었다고 해요. 성격 급하고 움직이기 좋아하는 병화가 멈춘 기차에 가만히 앉아 있어야 하다니! 엄청난 고역이었겠죠. 이때, '해리 포터'의 줄거리가 머릿속에서 쭉 펼쳐졌다고 해요. 기차가 멈춘 덕분에 끝도 없이 이어지는 상상의 세계로 빠져들 수 있었던 거지요. 가만히 있지 못하는 조앤 롤링이 머릿속에서나마 긴 여행을 떠났다는 점이 재미있지 않나요? 병화와 신금의 만남이 이와 같다고 할 수 있어요. 병화가 임수와 만나면 어떨까요? 무언가를 하지 않고는 견디지 못하는 병화잖아요. 조앤 롤링은 SNS에 올라오는 질문들에 일일이 답을 해 줍니다. 자기 마음을 숨기지 않고 솔직하게 드러내는 것이에요. 때로는 자신에게 불리한 질문이 올라올 수 있는데도 피하지 않아요. 그러다 보니 구설수가 생기기도 하는데요. 이때 임수처럼 자기 마음을 적절하게 가둘 수 있다면 구설수로 상처받는 일은 없을 거예요.

04.

정화

丁火

○ 배려의 아이콘 정화 ○

정화의 상징

#한여름 #촛불 #모닥불 #폭발하는 화산

정화는 늦여름에 속해요. 이때가 되면 더위가 절정에 이르고, 나무가 울창해져요. 숲이나 산에 가면 실감이 나지요. 푸릇푸릇한 나뭇잎이 시원한 그늘을 만들어 주거든요. 사실, 늦여름은 더위가 기승을 부리기 때문에 활동하기 좋은 때는 아니에요. 하지만 이 여름의 시기에 부지런히 움직이지 않으면 가을에 거둘 결실이 없어요. 이때는 무질서하게 벌여 놓았던 일을 조정하면서 마무리하는 시기라고 할 수 있어요.

정화는 촛불, 모닥불, 폭발하는 화산 등을 떠올릴 수 있어요. 촛불은 어두운 공간을 밝혀 주는 역할을 해요. 모닥불도 마찬가지예요. 요즘 캠핑 많이 가지요? 모닥불이 어두운 공간을 환하게 만들어 주죠. 추울 때에는 따뜻하게 해 주고요. 촛불이나 모닥불처럼 정화는 세상을 밝히고 온기를 전해 주는 역할을 해요. 그리고 폭발하는 화산도 정화에 속합니다. 열이 모이면 팽창을 하다가 '팡' 터지죠. 화산처럼요. 겉으로 보기에는 잠잠해 보이지만 언제든지 폭발할 준비를 하고 있는 것이 바로 정화예요. 이처럼 정화는 내면에 열기를 가득 품은 채, 주변을 밝히면서 등장합니다.

정화의 성격

예의 바른 사람들

늦여름이 되면 태양이 떠 있는 시간은 짧아지지만, 태양의 열기는 더욱 강해져요. 열이 모이면서 더위가 기승을 부리게 되죠. 병화는 강한 빛을 무질서하게 발산하며 속도를 냈는데요. 정화는 그 속도에 제동을 걸고, 무질서를 정리해 나가요. 질서가 없이는 여름을 마무리할 수 없고, 다음 계절을 준비할 수도 없기 때문이에요. 그래서 정화는 규범과 질서를 잡기 시작하는데, 이것이 예의로 표현돼요. 게다가 정화는 불이니 따스하지요. 따뜻한 모습으로 예의를 갖추니, 정화를 만나면 저절로 기분이 좋아진답니다.

　이렇듯 세심하게 예의를 갖추는 정화에게도 약한 지점이 있는데요. 버릇없는 사람을 보면 참지 못한다는 거예요. 하지만 예의와 규범이라는 것은 절대 불변의 법칙이 아니지요? 예의의 기준이라는 게 모두 다르기도 하고요. 그런데, 정화는 자신이 예의를 잘 지키기 때문에 예의 없는 사람들을 보면 화가 나요. 중요한 건, 예의를 자기 기준에 맞추어서 생각하는 습관을 돌아봐야 한다는 거예요. 내 기준이 절대적으로 옳다는 생각만 버리면, 정화 특유의 따스함을 잘 표출할 수 있어요.

내면에 타오르는 열정

별 욕심이 없어 보이는 겉모습과는 달리, 정화의 내면은 후끈합니다. 폭발하는 화산을 떠올려 보세요. 정화는 내면에 타오르는 열정과 에너지를 가지고 있어요. 그래서 오히려 병화보다 더 오랫동안, 더 지속적으로 주변에 영향을 미치곤 해요. 이 열정은 예술적인 끼로 드러나기도 해요. 음악, 사진, 문학, 미술, 연기 등을 통해 표현이 되는 거예요. 정화의 따뜻한 에너지가 예술 작품으로 탄생한다면, 그 작품은 사람들에게 위로와 희망을 줄 수 있겠죠?

그런데, 내면에 타오르는 이 불이 잘못 쓰일 수도 있어요. 분노하고 화를 내는 방식으로 말이죠. 정화는 굉장히 온화하고 따뜻한 사람이라고 했잖아요. 그랬던 사람이 불같이 화를 내면 주변 사람들이 당황하겠죠? 이런 모습 때문에 정화에게 실망하는 경우도 많아요. 내면의 열정을 어떻게 쓸지는 여러분이 선택해야 해요. 창조적 에너지로 쓸 것인지, 화내는 데 쓸 것인지 말이에요.

희생과 봉사가 천성

촛불을 떠올려 보세요. 초는 자기 몸을 태우며 어두운 곳을 밝히죠? 마찬가지예요. 정화는 자기를 희생하며 주변을 밝히는 것을 소명이라고 생각해요. 어려움에 처한 사람이 있으면 어떻게든 도우려고 해요. 그래서 정화는 '봉사가 천성'이라는 말을 듣기도 한답니다. 사회 전체를 밝히려고 하는 병화에 비해, 촛불인 정화는 병화에 비해 밝힐 수 있는 영역이 상대적으로 좁아요. 그래서인지 정화는 일 대 일이나 소수 그룹과 관계 맺기를 좋아해요. 한 사람이라도 깊은 관계를 맺고, 끝까지 도움을 주려고 하는 것이죠.

그런데, 주의할 것이 있어요. 누군가를 도울 때 순수한 마음으로 돕고 있는 것인지 자신에게 자꾸 질문을 던져야 해요. 왜냐하면 도와주는 사람과 도움을 받는 사람 사이에 갑을 관계가 만들어질 수도 있으니까요. 도움을 주는 사람이 자신의 영향력을 계속해서 유지하고 싶어 하면, 우정이 변질될 수도 있어요. 그러니 늘 자신의 돕는 마음을 점검하면 좋겠어요.

정화의 궁합

임수(壬水)와 쿵짝쿵짝 잘 맞아요!

정화는 촛불이라 태양인 병화보다 약할 것 같지요? 그렇지 않아요. 빛이 열기로 변한 상태라서 오히려 병화보다 강력한 조절이 필요해요. 정화는 임수처럼 큰 물을 만나면 오히려 내면의 불타는 열정을 적절하게 조절할 수 있어요. 촛불이 좁은 공간을 밝히듯, 정화는 한정된 영역에서 자기 힘을 발휘하려는 속성이 있어요. 그러다 보니 어떤 공간이나 특정한 사람에게 의존하려는 모습을 보이기도 해요. 이런 정화가 임수를 만나면 혼자서도 잘할 수 있다는 독립적인 마음이 생겨요. 폭넓게 관계를 맺으려고 하고, 스스로의 힘으로 시작할 용기가 생기기도 하지요. 또 정화의 예의는 자칫 형식적으로 흘러갈 수 있는데요. 임수를 만나면 정화는 형식적인 예의를 벗어던지고 순수하게 남을 배려하는 모습을 보여 주기도 한답니다. 하지만 임수가 너무 강하면 정화의 따스함이 식을 수 있다는 점도 기억해야 해요.

계수(癸水)와 티격태격 좀 달라요!

정화는 명랑하고 친절해서 사람들과 빠르게 친해지는데, 계수는 좀 느려요. 흐르는 물처럼 있는 듯 없는 듯 하다가 어느 순간 사람들의 마음속에 쏙 들어가는 스타일이 계수예요. 정화는 내면의 에너지로 상상력을 폭발시키는 데 반해, 계수는 내면의 에너지로 세상을 통찰하려고 하지요. 정화는 감정이 타올라서 문제인데, 계수는 감정이 가라앉아서 문제가 될 때가 있어요. 그래서 정화는 이런 계수를 만나면 궁금해져요. '저 친구는 나랑 친해지고 싶긴 한 걸까?', '저 친구는 무엇을 하고 싶은 거지?' 하고요. 계수의 속마음을 좀처럼 알 수 없어서 안달이 날 수 있죠. 하지만 정화는 계수에게서 '느린 속도'를 배울 수 있어요. 조급해하는 대신, 천천히 생각하고 행동할 수 있게 되는 거예요. 친구랑 빨리 친해져서 이것저것 하고 싶은 정화의 조급함에 제동을 걸어 주는 계수는 고마운 존재가 됩니다.

인물로 알아보는 정화

우리나라에서 가장 유명한 MC 하면 누가 떠올라요? 정화 일간의 유재석입니다. 정화는 예의가 바르다고 했지요. 유재석이 롱런할 수 있는 비결은 어쩌면 '예의'에 있는지도 모릅니다. 그는 평소에 "사람들을 웃기고 수다 떠는 게 제일 좋다"라고 이야기하곤 했어요. 그런데 사람들을 웃기려다 선을 넘게 되는 경우도 많아요. 자꾸 무리수를 두게 되지요. 하지만 유재석은 장난을 치면서도 상대의 마음을 다치지 않게 합니다. 그래서 유재석이 아무리 놀려도 사람들이 기분 나빠하지 않는 거예요. 아마도 유재석은 이렇게 말하지 않을까요. "개그에도 예의가 필요합니다"라고요.

그런데, 유재석이 너무 예의를 차리기만 하면 사람들이 불편해할 수도 있어요. 이때 바다와 같은 임수를 만나면 마음의 긴장이 딱 풀리는 거예요. 그러면 허물없이 사람을 대하며 배려할 수 있게 되지요. 자칫 좁은 관계에 머무를 수 있는 유재석이 임수의 넓은 마음을 배우면 많은 사람들과 속을 터놓고

관계를 맺을 수 있는 거예요. 계수를 만나면 어떨까요? 정화는 자기가 정한 규칙을 강요하기보다는 상황에 맞는 유연함을 보여 줘요. 예를 들어, 유재석이 MC를 보는 예능에서 게스트가 실력을 발휘하지 못할 수도 있잖아요. 이럴 때 계수의 느린 속도를 떠올리면, 조급함을 버리고 게스트의 스타일에 맞게 대응할 수 있어요. 게스트의 재능이 드러날 수 있도록 천천히 도와줄 수 있는 거예요.

05.

무토

戊土

뚝심 있는 무토

무토의 상징

#환절기 #황무지 #큰 산

무토는 계절로는 환절기에 속해요. 봄, 여름을 거쳤으니, 바로 가을로 넘어갈 것 같지 않나요? 그렇지 않아요. 상승하는 에너지를 하강하는 에너지로 바꾸는 게 그렇게 쉬운 일은 아니랍니다. 여름과 가을 사이에 있는 '환절기'는 에너지를 전환하는 데 도움을 줘요. 여름의 더위가 더 확산하지 않도록 가두어 버리는 거예요. 그래서 가두어진 열기 때문에 찜통 같은 더위가 계속되지요. 『황제내경』이라는 고전에서는 이 시기를 장하(長夏)라고 불렀어요. '여름이 길다'라는 뜻으로 붙여 준 별명입니다.

황무지나 큰 산으로 무토를 떠올릴 수 있어요. 황무지는 개발되지 않아 척박하고 거친 땅을 뜻해요. 한자로 보면 더 와닿아요. 황(荒)과 무(蕪)에는 둘 다 '거칠다', '어지럽다', '없다'는 뜻이 있거든요. 그런데 이렇게 죽은 땅처럼 보이는 황무지라고 해도, 그 안에는 생명력을 품고 있어요. 거친 땅이지만, 그 땅에서 아름다운 나무들이 자랄 수도 있고요. 크고 작은 건물을 세울 수도 있답니다. 또, 무토는 큰 산을 나타내기도 해요. 큰 산은 움직이지 않고 자기 자리를 우직하게 지켜요. 한번 결정한 것이라면 성실하게 밀고 나가는 고집스러운 힘을 가졌다고 볼 수 있지요. 이처럼 무토는 거칠지만, 생명력을 품은 채 뚝심 있게 밀고 나가는 힘을 간직하고 있어요.

무토의 성격

두루두루 친해요

무토는 친구를 두루두루 사귀는 편이에요. '네 편, 내 편' 가르지 않아요. 활발한 사람, 조용한 사람 가리지 않고 다 친구로 만드는 거예요. 그런데, 어떻게 하면 많은 친구들과 잘 지낼 수 있을까요? 무토는 천간의 중간에 놓여 있어요. 여름과 가을 사이를 연결하고 있지요. 여름의 끝과 가을의 시작을 중간에서 조절하고 있는 거예요. 무토는 이런 환절기의 기운을 닮았어요. 어디에도 치우치지 않고 중재하고 조정하는 역할을 해요. 그래서 모임 가운데 무토 사람이 있으면 큰 갈등이 생겨도 무리 없이 해결되기도 해요. 무토는 사람들 사이에 생긴 갈등, 어색함을 잘 풀어 내거든요. 그렇게 함으로써 다양한 사람들을 화합하게 만드는 거예요.

그런데, 모든 사람을 품게 될 때의 부작용도 있어요. 자신이 만나는 한 사람 한 사람에게 집중하지 못한다는 거예요. 여러분은 친구를 사귈 때 어때요? 많은 친구를 폭넓게 사귀는 편이에요, 아니면 소수의 친구와 깊게 사귀는 편이에요? 무토는 많은 친구를 사귄다고 했지요. 그러다 보면, 친구의 세세한 마음에 공감하기 어려울 수 있어요. 때로는 한 친구와의 만남에 집중하는 것도 필요하답니다.

거친 소울의 리더

무토는 굉장히 상반된 이미지를 가지고 있어요. 앞서 무토는 중재하고 포용하는 일을 잘한다고 했지요. 굉장히 포근한 모습을 연상시키죠. 그런데, 무토의 내부에는 뜨거운 양기가 들끓고 있어 목표를 향한 집념이나 의지는 누구보다 강해요. 뚜렷하게 목표를 세우고, 그 목표를 달성하기 위해 실천하고 행동할 수 있는 힘이 있는 거예요. 리더가 중재만 해서는 조직이 오래 지속될 수 없겠죠? 그렇다고 해서 목표를 향해 무섭게 질주만 한다면 숨 막히겠죠? 무토는 이 두 가지를 적절하게 사용할 수 있기 때문에 리더로서 최고의 자질을 가졌다고 할 수 있어요.

무토는 대개 남의 말을 잘 들어주는 것처럼 보이지만, 때론 목표를 달성하기 위해 강압적인 리더십을 보이기도 해요. 무토는 황무지라고 했죠? 물기 없는 척박한 땅인 황무지는 그래서 생명체들이 살아가기 힘들죠. 마찬가지예요. 무토 리더가 있는 조직은 황무지처럼 어렵고 고통스러울 수 있어요. 물론, 이를 통해서 훌륭한 인재를 키울 수도 있어요. 하지만 때로는 너그러운 모습을 보이는 것도 중요하겠죠. 그렇다면 무토도 조금은 다정한 리더가 될 수 있을 거예요.

불도저 같은 추진력

황무지를 파면 무엇이 나올까요? 별의별 것이 다 나올 거예요. 무토는 낯설고 생소한 것, 자신과 어울리지 않는 것 모두를 받아들여요. 그러다 보니, 웬만한 불편함이나 위기가 닥쳐도 끄떡없어요. 대부분은 겪어 보지 않은 일을 만나면 '위기다'라고 생각하기 마련이거든요. 그런데 무토는 평소에 낯선 것을 받아들이는 데 익숙하기 때문에, 어떤 위기가 와도 흔들리지 않고 그대로 밀어붙여요. 그래서 이런 무토의 모습을 보고 불도저 같다고 말하기도 해요. 사람들은 어려움이 생기면 돌아가기도 하고, 타협하기도 하고, 정 안 되면 도망을 치기도 하잖아요. 이런 행동은 무토에게 어울리지 않아요. 무토는 정면 돌파합니다. 오히려 어려운 상황을 은근히 즐기기도 해요. 문제를 해결해 나가는 것에서 즐거움과 보람을 느끼기 때문이에요.

하지만 자기 신념과 경험만이 옳다고 주장하는 사람은 좀 답답해 보일 수 있어요. 한번 옳다고 믿은 것이 있으면, 끝까지 밀고 나가니까요. 주변 사람의 말을 귀담아 듣지 않고, 자기만 잘났다고 하는 사람처럼 보일 수도 있고요. 때로는 자기 고집을 굽혀야 하는 때가 있다는 것을 기억하면 좋겠어요.

무토의 궁합

계수(癸水)와 쿵짝쿵짝 잘 맞아요!

천둥, 번개가 치면 화재가 나는 경우도 있죠? 이처럼 무토와 계수가 만나면 예기치 못한 사건이 일어나요. 변수가 일어나는 것을 좋아하지 않는 무토 입장에서는 이런 상황이 반갑지만은 않아요. 하지만 고집스러운 무토에게 순발력이 생기기도 하고, 좋은 아이디어가 떠오르기도 해요. 한 길만 파는 무토에게 변화를 줄 수 있는 기회가 찾아온 셈이에요. 그런데, 무토는 주인공이 되려고 하지 않아요. 오히려 계수가 능력을 발휘하도록 그 기반이 되어 주죠. 예를 들어 볼게요. 학교 축제가 열린다고 해 볼까요. 무토는 공연을 기획하고 무대를 멋있게 세팅하는 역할을 해요. 하지만 무대에 올라가는 주인공은 계수가 되는 거예요. 무토의 세팅 위에서 계수가 마음껏 매력을 발산하는 것이죠. 이처럼 무토는 사람들이 뛰노는 놀이터 같은 존재가 되어 준답니다.

갑목(甲木)과 티격태격 좀 달라요!

무토의 고집은 꺾을 수 없지만, 갑목은 새로운 대안을 제시하면 고집을 부리지 않아요. 무토는 약한 사람을 보면 강하게 만들려고 하는데, 갑목은 약한 사람을 보면 도와주려고 해요. 무토가 기존의 것에 집착하는 스타일이라고 한다면, 갑목은 늘 새로운 것에 관심을 보여요. 무토는 이런 갑목을 보면 정신이 없다고 생각해요. 하지만 변화에 거부감을 느끼고, 때로는 잘

못된 길마저 옳다고 고집하는 무토에게는 갑목의 새로움이 필요해요. 때로는 과감하게 포기하는 용기도 배워야 하지요. 그리고 무토는 약한 사람을 보면 혹독하게 훈련을 시키려고 해요. 무토 자신처럼 강하게 만들려고 하지요. 이런 무토에게 약한 사람을 보면 위로와 용기를 주는 갑목의 태도는 굉장히 생소할 수 있어요. 거친 성격의 무토가 갑목의 태도를 조금씩 배워 나갈 수 있다면, 참 좋겠죠.

인물로 알아보는 무토

안중근은 독립운동가입니다. 일본이 우리나라 국권을 빼앗으려는 것을 막기 위해 독립운동에 뛰어들어, 그 책임자인 이토 히로부미를 저격한 것으로 유명하지요. 안중근은 뚝심이 있는 무토의 성격을 잘 보여 줘요. 한번 마음 먹은 것은 무조건 실행하는 '한다면 한다' 정신을요. 이것은 안중근의 생애를 관통

하는 대표적인 성격이 아닐까 싶어요. 어릴 때의 일화를 볼까요. 안중근은 사냥을 좋아했는데, 어린 나이에도 사냥꾼들을 따라가겠다고 고집을 부렸다고 해요. 집안 어른들도 그 고집을 꺾을 수가 없었대요. 그렇게 따라나선 사냥터에서 사나운 멧돼지를 한번에 잡았어요. 어른들도 멧돼지를 보면 두려워서 물러서기 마련인데, 안중근은 맞서는 것이죠. 베테랑 사냥꾼들도 이런 안중근의 뚝심에 놀랐다고 합니다. 이토 히로부미를 처단하겠다는 결심도 마찬가지예요. 어떤 망설임도 없었어요. 신념을 세우면 그 신념을 향해 달려갑니다. 체포되어 조사를 받으면서도 시종일관 당당했다고 하지요.

안중근은 옳은 일이라고 생각하면 목숨을 걸고 실행에 옮기는 무토의 성격을 잘 보여 줍니다. 이런 안중근이 계수를 만났다면? 자신이 직접 나서기보다 다른 독립운동가들의 활동 무대를 만들어 줬을지도 몰라요. 각양각색의 개성을 존중하면서 말이죠. 그리고 갑목을 만났다면, 고집스러움이 좀 꺾였을 거예요. 불가능하다고 판단되는 상황이 있다면 과감하게 포기하고, 다른 방법을 모색하며 아이디어를 폭발시켰을지도요.

06.

기토

己土

다른 사람의 마음을 잘 헤아리는 기토

기토의 상징

#환절기 #정원 #논밭

기토 역시 무토처럼 환절기에 속해요. 무토는 여름의 뜨거움을 조절하기 위해, 늦여름의 끝자락에 찾아오는 환절기예요. 반면 기토는 여름을 완전히 끝내고 가을을 시작하는, 초가을의 초입에 찾아오는 환절기라고 할 수 있어요. 기토의 계절이 되면 식물은 성장을 멈춰요. 이때에는 잎이 떨어지고, 꽃이 오므라드는 등 음(陰)의 운동이 시작돼요. 일종의 숨 고르기를 하고 있다고 할까요. 이제 곧 가을의 매서운 기운을 발휘해야 하니까요. 기토는 가을의 입구로 가는 토대를 다지고 있는 거랍니다.

 기토는 정원, 논밭 등을 떠올릴 수 있어요. 정원이나 논밭은 사람들이 정성스럽게 관리하는 땅이에요. 무토의 황무지와는 달리 기토의 땅은 물을 촉촉하게 머금고 있고, 영양분을 잔뜩 품고 있어요. 이 땅에는 무엇을 심어도 쑥쑥 잘 자라요. 무엇이든 정성스럽게 길러 내는 모습이 연상되지요. 이처럼 기토는 자신의 영역을 아름답게 꾸미는 데 힘을 쏟는다고 할 수 있어요!

기토의 성격

분위기를 살려요

기토는 여름과 가을을 연결하는 기운이라고 했지요. 이 기운이 기토의 성격으로 드러납니다. 기토는 대립되는 기운을 보면 중재하려고 해요. 옆에서 두 친구가 싸우고 있으면 어느 편에도 서지 않아요. 두 친구의 입장을 모두 이해하려고 하지요. 내 편을 들어 주지 않는 기토를 야속하다고 생각할지 모르지만, 기토 입장에서는 한 명의 편만 들기가 쉽지 않아요. 게다가 기토는 어색하거나 무거운 분위기를 참지 못해요. 그래서 분위기가 가라앉아 있으면 띄우려고 노력하는 편이에요. 그래서 기토가 있으면 분위기가 밝아지는 마법이 펼쳐지지요.

그런데, 기토는 자기의 감정은 살피지 않은 채 주변을 돌보는 데에만 몰두할 수 있어요. 그러면 자기 감정을 모른 척하게 되고, 자기가 하고 싶은 걸 참는 경우가 늘어나게 되겠죠. 이런 일이 반복되면 마음의 병을 얻을 수 있으니 감정을 드러내는 연습을 해야 합니다. 분위기는 살려 냈지만 정작 자기 감정은 다칠 수 있으니까요.

파수꾼의 기질

정원이나 텃밭을 기르는 사람의 마음을 생각해 보세요. 자기 소유의 작은 땅을 지키고자 하는 마음이 있어요. 정성을 다해서 흙을 고르고, 씨앗을 심고, 물을 주고, 해충으로부터 보호하는 등 꾸준하게 신경을 쓰지요. 기토는 자기 주변 사람을 정원이나 텃밭 기르듯 정성을 다해서 대해요. 내 정원에 있는 모든 것은 흠잡을 데가 없어야 해요. 정원을 꾸미듯 사람도 그럴

듯하게 꾸미려고 하는 것이죠. 이런 기토는 죽어 가는 것도 잘 살려 낸답니다. 그리고 텃밭을 지키는 마음으로 자기 사람을 지키려고 노력해요. 자신이 조금 피해를 보더라도 포기하지 않고 지켜 내려고 하는 거예요.

그런데 기토가 정성을 쏟는 대상은 가족이나 친척, 소수의 친구에 한정되는 경우가 많아요. 농부가 자신의 논밭만을 돌보듯, 기토는 나와 직접적인 관계가 있는 사람에게만 관심을 가져요. 그래서 인맥이 좁은 편이에요. 관계가 좁아지는 만큼 세계를 보는 눈도 좁아질 수 있어요. 우물 안의 개구리라는 말 들어 봤지요? 언젠가는 우물 밖으로 나가야만 한다는 것을 기억하세요.

공감하는 힘

기토의 땅은 비옥해요. 무토와 달리 촉촉하지요. 촉촉한 땅은 무엇이든 흡수하고 받아들입니다. 사람과의 관계에서도 마찬가지예요. 기토에게는 다른 사람의 말이나 행동을 잘 받아들이는 힘이 있어요. 그래서 사람들은 기토에게 자기의 속마음을 곧잘 털어놓고는 해요. 기토가 이렇게 사람의 마음을 잘 헤아리는 이유가 또 있는데요. 자기를 드러내지 않는 '음'(陰)의 특성이 있다 보니, 평소에 마음의 상처를 잘 받아요. 상처를 받아 본 사람이 다른 사람의 상처를 들여다볼 수 있는 법이지요. 다른 사람의 마음에 공감할 줄 아는 기토는 심리학이나 상담 같은 공부를 하면 좋아요.

그런데, 다른 사람의 상황에 너무 공감하다 보면 자신의 감정이 우울하고 슬퍼질 수도 있어요. 집에 있는 화초를 떠올려 보세요. 물을 너무 많이 주면 뿌리가 썩어서 결국 시들해지고 맙니다. 그러니 물도 적당히 줘야 해요. 과도한 몰입은 친구를 나약하게 만들고, 자신도 아프게 할 수 있으니까요. 친구의 아픔에 공감하되, 자신의 기분을 유지하도록 노력해야 합니다.

기토의 궁합

갑목(甲木)과 쿵짝쿵짝 잘 맞아요!

기토는 땅 중에서도 텃밭이나 정원을 상징한다고 했지요. 기토의 땅은 모든 것을 품을 수 있는 마음을 가지고 있기 때문에, 무엇이든 받아들일 준비가 되어 있어요. 그래서 갑목을 만나면 기분이 좋아요. 갑목이 자기 땅에 뿌리를 깊이 내리고 튼튼하게 자라는 것을 기쁘게 생각하는 거예요.

기토는 음의 성격을 가지고 있어 조용하고, 자기를 드러내지 않는 특성이 있어요. 웬만하면 고요한 상태를 유지하려고 해요. 그리고 무엇이든 한번 선택하면 그 선택을 잘 바꾸지 않아요. 친구도, 꿈도, 직업도요. 이런 기토를 들썩들썩하게 만드는 것이 바로 갑목이에요. 갑목은 예상하지 못했던 일을 시도하려 하고, 힘들고 어려운 일에도 주저하지 않고 뛰어들려고 하지요. 이런 갑목을 보며 기토는 생명력을 느끼고, 변화를 꾀하려고 하기도 해요. 그래서 기토는 갑목을 만나면 반가워요.

자신에게 찾아오는 수많은 변수를 수용하면서도 동시에 안정감을 지켜 나가는 힘을 기를 수 있으니까요.

을목(乙木)과 티격태격 좀 달라요!

기토는 양의 성격을 가진 나무, 즉 양목(陽木)인 갑목과는 쿵짝이 잘 맞는데, 음목(陰木)인 을목과는 티격태격 싸우며 정이 들어요. 음과 음이 만나 성격이 비슷할 것 같지만, 사실 둘의 성격은 완전히 달라요. 기토는 움직이지 않으려고 하는데, 을목은 한시도 가만히 있지 않아요. 기토는 다른 사람의 성장에 관심이 있는데, 을목은 다른 사람에게 기대어 자신이 성장하는 데 관심을 두지요. 을목은 자기 자리에서 움직이지 않은 채 남을 기르는 데에만 힘을 쓰는 기토에게 변화를 가져와요. 좀 더 다양한 분야에 관심을 쏟고, 기토 자신도 성장해야 한다는 마음을 갖게 하는 거예요. 그래서 기토는 을목을 만나면 편안한 상태에 안주하려고 하는 성향에서 벗어날 수 있어요. 하지만 한편으로는 늘 조용한 기토가 유난히 흥분하는 모습을 보일 수도 있어요. 기토는 자꾸 움직이는 을목에게 "가만히 좀 있어 봐"라 하고, 을목은 자기 세계에 갇혀 있는 기토에게 "세상을 좀 넓게 봐"라며 티격태격하는 거예요. 그러면서 정드는 거죠.

인물로 알아보는 기토

기토의 모습을 독립운동가 김구가 잘 보여 줘요. 김구는 나라를 일본에 빼앗겨 중국에 임시정부를 세웠을 때 이렇게 말했다고 해요. "나는 임시정부의 문지기가 되겠소"라고요. 어렵게 세운 임시정부를 문 앞에서 지켜 내는 역할을 하겠다는 김구의 의지가 엿보이는 말이에요. 기토는 만물을 키우는 토양이잖아요. 김구는 자신이 말한 대로 임시정부라는 텃밭을 잘 지켜 냈어요. 그 덕분에 임시정부라는 땅에서 많은 독립운동가들이 성장했고, 나라를 되찾기 위한 다양한 활동을 할 수 있었지요. 임시정부를 없애려던 수많은 시도가 김구 때문에 번번

이 실패했다고 하니, 그 역할을 얼마나 잘 수행했는지 짐작할 수 있을 거예요.

그런데 그 과정이 그렇게 쉽지만은 않았어요. 때로는 갑목처럼 무모한 독립운동가들을 만나기도 했어요. 임시정부에 들어오는 수많은 독립운동가들은 성격이 가지각색이었고, 왕성한 혈기로 무모한 모습을 보이기도 했어요. 이렇게 되면 쉽게 위험에 처할 수도 있어요. 기토였던 김구는 운동가들이 다치거나 목숨을 잃지 않으면서 독립운동을 할 수 있는 토대를 마련하려고 했어요. 김구는 예측 불가의 갑목을 수용하면서 그들이 안정적으로 활동할 수 있도록 도운 거예요. 물론 갑목처럼 과감하게 자신을 던져야 하는 순간이 있다는 것도 배웠겠지요. 이런 과정을 통해 어떤 존재가 와도 그들을 품을 수 있는 큰 그릇의 사람이 될 수 있었어요. 을목을 만났다면 어땠을까요? 아마 문지기 역할을 수행하면서 또 다른 활동을 병행했을지 몰라요. 성장을 꿈꾸는 을목을 위해 임시정부 내에 학교를 세웠을지도요. 참고로, 김구는 투옥되었을 때 감옥에 학교를 세워 사람들을 가르친 경험도 있답니다.

07. 경금

庚金

뭐든 다 계획이 있는 경금

경금의 상징

#초가을 #강철 #바위 #도끼

경금은 초가을에 속해요. 갑목이 양의 기운의 시작이었다고 하면, 경금은 음의 기운의 시작이라고 할 수 있어요. 이때부터 본격적인 음의 운동이 시작돼요. 확대되었던 것들은 줄어들고(수축), 붙어 있던 것들은 나뉘고(분리), 위로 자라던 것들은 아래로 떨어지는 거예요(하강). 가을이 되면 나무엔 열매만 남고 모두 떨어져요. 경금의 쌀쌀한 가을 기운이 나무에 붙어 있는 잎이나 꽃을 매섭게 죽이는 거죠. 그래서 가을을 '숙살지기'(肅殺之氣: 쌀쌀하고 서릿발 같은 매서움으로 만물을 죽이는 살기)의 계절이라고 표현하기도 한답니다.

경금은 강철, 바위, 도끼 등을 떠올릴 수 있어요. 강철이나 바위는 단단하지요. 흔들림이 없어요. 어떤 상황에서도 자기 원칙을 가지고 나아가는 모습을 떠올릴 수 있답니다. 도끼는 어떤가요? 도끼는 양날의 칼이에요. 도끼로 나무를 베면 땔감이나 종이를 얻을 수 있어요. 하지만 도끼는 사람을 해치는 데 쓰이기도 하지요. 사람을 살리기도 하고 죽이기도 하는 거예요. 그래서 경금을 어떻게 쓰는가 하는 것이 참 중요하답니다.

경금의 성격

세상을 바꾸려는 욕망

경금은 여름에서 가을로, 양에서 음으로 방향을 전환하는 시기예요. '혁명'이란 말을 들어 봤나요? 낡은 것을 새롭게 바꾸는 것을 혁명이라고 해요. 고치기 힘든 습관이나 버릇을 생각해 보세요. 이로 손톱을 물어뜯는다거나, 밤에 군것질을 한다거나 하는 습관이 쉽게 고쳐지던가요. 이렇게 자기 습관 하나 고치는 것도 어려운데, 경금은 세상을 바꾸려고 해요. 제도를 개혁한다든지, 민주주의를 실현하려고 하죠.

이렇게 세상을 바꾸려고 하는 것은 '내 생각이 옳다'는 믿음이 있어야 가능한 일이에요. 내가 옳다고 생각하는 것을 실현하려고 하기 때문에, 경금은 절대로 쉽게 굽히지 않아요. 주변에 어려움이 생겨도 신경쓰지 않고, 자신의 목표를 향해 나아가는 거예요. 그러다 보면 주변 사람들이 다치고, 상처받는 것을 잘 보지 못해요. 주변을 살피면서 나아가는 연습을 하면 좋겠어요.

나만의 순서가 있어요

경금은 질서가 잡혀야 안심을 해요. 초가을은 열매를 맺는 때라고 했지요. 사실, 열매를 맺는 것은 정말 어려운 일이에요. 우리는 마트나 시장에서 이미 결실을 맺은 과일이나 쌀을 사기 때문에, 열매를 맺지 못하고 죽어 간 것들에 대해 생각하지 못해요. 열매를 맺기 위해서는 여러 조건이 맞아야 해요. 비옥한 땅은 물론 거기에 알맞은 수분과 햇볕도 있어야 하죠. 혹시라도 가뭄이나 홍수가 오면 치명적이에요. 이런 모든 과정을 밟아야 열매를 맺을 수 있기 때문에, 경금 사람들은 목표를 이루기 위한 순서를 확실히 정해 놓아요. 어떻게 하면 목표를 이룰 수 있는지 잘 아는 거예요. 한 치의 어긋남도 허용하지 않으니, 시간 낭비도 있을 수 없죠.

그런데, 변수는 언제든 발생할 수 있답니다. 식물은 물이 부족해도, 물이 너무 많아도 살아남는 경우가 있잖아요. 반대로 물이 적당하고 햇빛을 잘 쬐였는데도 시름시름 죽어 가는 경우가 있고요. 경금은 이런 변수를 용납하지 못하는 경향이 있어요. 자기 확신이 너무 강하기 때문이에요. 이런 경우에는 방향이 틀어져도 잘못을 바로잡지 못해요. 변수를 허용할 때 유연함이 생긴다는 사실을 꼭 기억하세요.

너무나 소중한 약속

경금은 바위나 강철을 의미하죠. 왔다 갔다 하지 않고 묵묵히 자기 자리를 지켜요. 이런 특성이 경금에게는 약속이나 의리로 드러나요. 경금과 약속을 하면 무조건 지켜야 합니다. 왜냐

하면 경금은 한번 약속한 것은 무조건 지키니까요. 어떠한 사정과 변명도 통하지 않아요. 경금은 모두가 약속을 지키지 않으면 혼자서라도 지켜요. 반장이나 팀의 대표를 맡았다면, 무슨 일이 있더라도 그 책임을 다하는 사람이에요. 그래서 경금은 책임을 지는 자리에 곧잘 서게 돼요. 사람과의 의리도 마찬가지예요. 한번 믿은 사람은 영원히 믿어야 할 사람이 되어 버려요. 어떤 희생이 따르게 되더라도 의리를 지키는 것이 최우선이 됩니다.

약속을 지키고, 의리를 지키는 것은 참 멋있는 일이에요. 그런데, 좀 지나칠 때가 있어요. 약속, 법이나 규범과 같은 것을 절대적인 진리처럼 여기는 거예요. 사정이 있으면 약속을 어길 수도 있고, 잘못된 법이나 규범은 수정이 되어야 하죠. 이런 융통성을 발휘하지 못하면, 주변에서 "쟨 빈틈이 없어서 친해지기 어려워" 라는 말을 듣기 쉬워요.

경금의 궁합

을목(乙木)과 쿵짝쿵짝 잘 맞아요!

경금은 열매를 맺는 기운을 가지고 있어요. 그렇기 때문에 무엇이든 분별해서 필요한 것만 남기려는 냉철함을 보여요. 물론 열매를 맺기 위한 과정이기는 하지만, 사정을 봐주지 않는 경금의 기운만 넘치면 사람들은 두려워할 거예요. 이런 경금이 부드럽고 유연한 을목을 만나면 어떨까요? 부드러움을 품은 채로 강함을 드러낼 수 있어요. 평소에는 한없이 부드럽게 굴다가, 필요할 때 자기 의견을 확실히 해요. 그러면 불의에 타협하지 않으면서도, 옳다고 생각하는 일을 끝까지 밀고 나갈 수 있어요.

'답정너'라는 말 들어 봤죠? '답은 정해져 있고 넌 대답만 하면 돼'라는 뜻인데, 경금 사람들에게 무척 어울리는 말이에요. 경금은 늘 정답을 가지고 있기 때문에, 대화를 하다 보면 답답한 마음이 들 수 있어요. 남의 말을 듣는 것처럼 보여도, 결국은 자기 뜻대로 하는 경향이 있거든요. 이러한 상황에서 다른 사람의 말에 귀를 기울이고, 때로는 돌아가기도 하는 을목을 보면서 깨닫는 거예요. 자기의 뜻을 밀고 나가면서도 친구의 마음을 상하게 하지 않는 방법을 배우는 셈이죠.

병화(丙火)와 티격태격 좀 달라요!

경금이 세상을 이성적으로 본다면, 병화는 감정적으로 봐요. 경금은 자기와 생각이 같은 사람을 주로 사귀는 데 반해, 병화는 모두와 친구가 될 수 있는 친화력을 보여 줘요. 경금이 결과를 중심으로 행동한다면, 병화는 과정에 충실해요. 경금은 이런 병화가 실속이 없다고 생각해요. 하지만 동시에 경금 자신의 행동이 너무 자로 잰 듯 냉정하지는 않았나 질문해 보게 돼요.

"이성적으로 생각해"라는 말 많이 들어 봤을 거예요. 감정에 치우치지 말라는 뜻이에요. 이건 경금의 언어예요. 하지만 이성적으로만 생각해서는 해결되지 않는 부분이 너무 많아요.

어제까지 잘 지냈던 친구가 다음 날 토라져 있기도 하고요, 계획을 세워 열심히 공부했는데도 성적이 떨어질 때가 수두룩하잖아요. 이럴 때에는 유연하게 생각할 필요가 있어요. 또 경금은 결과 중심으로 생각하다 보니, 일의 과정을 즐기지 못하는 경향이 있어요. 과정에 즐거움을 느끼는 병화와 함께하면 결과와 상관없이 즐기는 법을 배울 수 있어요!

인물로 알아보는 경금

잔 다르크는 프랑스와 영국 사이에 벌어졌던 백년전쟁에서 활약했던 전사예요. 프랑스가 궁지에 몰려 있을 당시, 잔 다르크가 출전해 판세를 바꾸어 놓았지요. 그때 나이가 불과 17세입니다. 어떻게 이런 일이 가능했을까요? 잔 다르크는 시골의 평범한 소작농 집안 출신이었어요. 농사, 가축 돌보기, 바느질과 요리 등의 집안일을 하며 지냈죠. 사나운 구석이 있는 양을 치는 일은 보통 어려운 일이 아니었어요. 그런 양을 수십 마리나 통제해야 했고, 늑대나 도적이 나타났을 때에는 맞서 싸우기도 했어요. 이렇게 쌓은 기술은 전투에 큰 도움이 되었어요. 결국 영국 군대는 잔 다르크의 용병술과 용맹에 무너진 셈이 되었답니다. 그런데, 이렇게 업적을 쌓았음에도 불구하고 프랑스의 배신으로 영국의 포로로 잡혀 재판을 받게 돼요.

주목할 점은 재판을 받는 과정에서 잔 다르크가 보여 준 경금의 태도예요. '논리의 왕'으로 불리는 경금답게, 재판정에서 논리적인 답변으로 재판관들이 할 말을 잃게 만들었어요. 이때 을목을 만났다면, 한 치의 물러섬도 없는 강경한 태도를 보이는 대신 상황에 대처하며 자기 뜻을 주장하지 않았을까요. 병화를 만났다면 어땠을까요. 잔 다르크가 승승장구하자 샤를 7세는 두려움에 떨기 시작했어요. 위협감을 느꼈던 거예요. 이런 상황을 알면서도 잔 다르크는 꿋꿋하게 자기 확신대로 밀어붙입니다. 병화는 상황 판단이 빨라요. 상황에 맞게 일을 변주할 줄 알지요. 이런 병화의 면모를 배웠다면, 잔 다르크는 나아가고 물러날 때를 조정할 수 있었을 거예요.

08.

신금

辛金

완벽을 꿈꾸는 신금

신금의 상징

#늦가을 #바늘 #보석 #예리한 칼

신금은 늦가을에 속해요. 경금이 열매를 맺기 시작하는 초가을의 기운이라면, 신금은 그 열매가 완벽하게 익어 가는 늦가을의 기운이에요. 이제 바깥에 신경 쓸 겨를이 없어요. 열매가 꽉 차도록 정성을 들여야 하니까요. 이처럼 결실을 맺기 위해서는 외부의 기운을 살벌하게 쳐내야 하지요. 오로지 열매를 탐스럽게 맺기 위해 고통스러운 시간을 보내는 거예요.

신금은 바늘, 보석, 예리한 칼에 비유됩니다. 경금은 가공되지 않은 무쇠를 뜻해요. 이에 반해 신금은 잘 제련된 금속을 상징해요. 바늘이나 보석, 칼처럼 말이에요. 완성품이지요. 그래서 신금을 가진 사람들은 완벽주의를 꿈꾸는 경향이 있답니다. 그리고 뾰족하고 날카로운 물건을 떠올릴 수 있는데, 불필요한 것을 가차 없이 잘라 내는 늦가을의 기운과 닮았어요. 그래서 신금이 있는 사람들은 냉철하게 판단하고, 날카롭게 말하고, 냉정하게 상황을 재단하는 경향이 있어요. 가차 없는 신금입니다.

신금의 성격

완벽함을 꿈꿔요

신금은 보석과 같다고 했지요. 보석은 더 손댈 것이 없을 정도로 완벽한 아름다움을 보여 줘요. 그래서 사람들이 보석에 마음을 빼앗기는 거겠죠? 보석에서의 핵심은 완벽성이에요. 신금을 가진 사람은 자기의 일상이 완벽해야 해요. 아침에 일어나서 잠들 때까지 허투루 쓰는 시간이 없어요. 일상에서 만나는 친구와의 관계, 해야 할 숙제, 취미 생활까지! 자기가 그려 놓은 그림대로 일과가 펼쳐져야 하는 거예요.

그런데, 세상에 완벽함이라는 것은 없어요. 이런 사실을 놓

치면 계획대로 되지 않는 일에 스트레스를 받기 쉬워요. 사소한 것 하나하나에 스트레스를 받으면 일상이 고단하겠죠. 계획이 어긋나는 등 돌발상황이 생겨도 그 상황을 유연하게 받아들일 필요가 있어요. 또, 신금은 자신만 완벽하려고 하지 않아요. 자기와 함께하는 사람들도 완벽하길 바라죠. 그래서 잔소리가 많은 거예요. 친구들이 처음에는 그 잔소리가 관심의 표현이라 생각하고 받아들일 수 있지만, 결국에는 혀를 내두르게 돼요. 사사건건 잔소리를 하게 된다면 자신을 돌아봐야 해요. '완벽함이란 따로 있지 않다, 그것은 내 기준에서 추구하는 완벽함이다'라는 것을 기억하면 좋겠어요.

다이아몬드 멘탈

신금은 마음이 단단해요. 그래서 다이아몬드 멘탈이라고 부르기도 해요. 웬만해서는 흔들리지 않지요. 경금의 단계에서는 열매를 맺는데, 그 열매 안에는 아직도 열기가 남아 있어요. 여름의 흔적이에요. 그런데 신금의 단계에서는 달라요. 남아 있던 열기가 싹 빠지고 서늘한 기운이 열매를 단단하게 여물게 해요. 이렇게 차갑고 단단한 정신력을 가진 신금이기에 다이아몬드처럼 강하다고 하는 거예요. 생각해 보면 간단해요. 세공에 세공을 더해서 가장 견고하게 만든 것이 보석이에요. 원석에 열을 가하고, 날카로운 도구로 다듬고 다듬어야 완성이 되는 것이죠. 원석에 불을 가하면 계속해서 자기를 변형할 수밖에 없어요. 이 시간을 견뎌 냈기에 다이아몬드로 태어날 수 있는 거예요. 이렇듯 신금은 고난과 역경 앞에서 더욱 강해진답니다.

물론 '고난은 나의 힘'이 될 수 있어요. 하지만 신금은 이런 생각 때문인지 '인생은 어렵고 힘든 거야'라고 믿어 버려요. 좀처럼 명랑한 기분이 들지 않는 것이죠. 그래서 신금을 가진 사람은 바지 주머니에 바늘 하나를 넣어 두고 산다고 말하기도 해요. 움직일 때마다 바늘에 찔리니 아프겠죠? 그래서 신금이 있는 사람들은 긍정적인 생각을 자주 해야 해요. 명랑하고 낙천적인 친구를 만드는 것도 좋은 방법이 될 거예요.

섬세한 마음의 소유자

신금은 꼼꼼하고 섬세해요. 보석을 세공한다고 생각해 보세요. 집중해서 섬세하게 작업을 하지 않으면 완벽한 결과물을 기대하기 어렵지요. 이들은 즉흥적으로 하는 것이 없어요. '기분파'라는 말이 절대 어울리지 않는 사람들이죠. 어떤 일을 시작하면 반드시 끝을 봐요. 몸이 상하더라도 크게 신경쓰지 않아요. 몸이 상하는 줄도 모르고 일에 열중하는 거예요. 친구를 만날 때에도 이런 성격이 드러나요. 상대방의 마음을 꼼꼼하게 살펴요. 그러다 보니 상대가 불편해하는 것을 잘 알아차리겠죠?

그런데, 신금은 다른 사람들도 자신처럼 꼼꼼하게 신금을 살펴 줄 거라 생각해요. 그래서 자기가 배려했다는 사실을 친구들이 인정해 주고, 칭찬해 주고, 고마워하기를 기대해요. 그렇지 않으면 마음이 상해서 토라지기도 하고요. 복수심이 생길 수도 있어요. 그래서 신금은 자기가 할 수 있는 만큼, 자기 기분이 좋을 만큼 상대를 배려하고 아끼는 것이 좋아요. 무리를 하면 꼭 보상을 바라게 되거든요.

신금의 궁합

병화(丙火)와 쿵짝쿵짝 잘 맞아요!

신금은 완벽함의 결정체예요. 그렇다 보니 어떤 것과도 섞이기 어려운 경향이 있죠. 그런 신금에게도 새롭게 태어날 수 있는 기회가 와요. 병화를 만났을 때죠. 활활 타오르는 용광로를 생각해 봐요. 그 속에서 금속이 제련되는 모습을 상상하면 좋습니다. 금속이었던 신금이 녹아 물처럼 되기도 하고, 아예 새로운 모습으로 다시 태어나기도 해요. 이렇게 모습을 달리하게 되니, 마음도 달라지겠죠? 신금은 바늘처럼 날카로운 면이 있는데, 병화를 만나게 되면 그 날카로움이 한풀 꺾이면서 유연해져요. 신금은 계획을 꼼꼼하게 세우는 편인데, 병화를 만나면 형식적인 계획에 깊이가 생겨요. 또 세상을 논리적으로만 보던 신금이 갑자기 논리와는 거리가 먼 분야에 관심을 갖게 되기도 해요. 이를테면 종교에 흥미가 생겨 갑자기 교회나 성당, 절에 갈지도 몰라요.

정화(丁火)와 티격태격 좀 달라요!

신금은 내면이 차갑고 단단해요. 확실하게 고정시키고, 마무리지으려고 하지요. 반면 정화는 뜨거워요. 그 뜨거운 마음으로 무엇이든 시작하려고 합니다. 신금은 정신력이 강해요. 어려움이 닥칠 수록 강해진다고 할까요. 하지만 정화는 마음이 약해서 쉽게 상처받고 의존하려는 경향이 있어요. 어려움이 닥치면 촛불이 꺼지듯 훅 꺼질 수도 있는 거예요. 그리고 신금은 매사를 잘 기억하는 데 반해, 정화는 다른 곳으로 관심사가 옮겨지면 그와 동시에 이전의 일들은 잊어버리는 경향이 있어요. 뭐든 정확하게 하려 하고, 강한 정신력으로 완벽을 추구하는 신금 입장에서 정화를 보면 '쟤는 너무 나약해'라고 생각할 수 있어요. 현실감각이 없다고 느낄 수도 있고요. 하지만 뜨거운 열정이나 상상력으로 새로운 길을 도모하는 정화를 보며, 너무 완벽함에만 치중하는 자신을 돌아볼 수 있겠지요. 가던 길만 가면, 새로운 길을 만나기 어려우니까요.

인물로 알아보는 신금

미국 역사상 가장 위대한 운동선수 1위에 등극한 마이클 조던을 통해 신금의 특성을 탐구해 볼까요? 마이클 조던은 업적 자체로 이미 '완성형 캐릭터'라고 할 수 있어요. 등장부터 은퇴까지 히스토리가 완벽하지요.

조던은 필살기가 많아요. 그중에서도 공중에 떠 있는 시간이 긴 것으로 유명해요. 경기를 보고 있으면 허공에서 걷는 것처럼 보이기까지 해요. 공중에 떠서 공을 다른 손으로 옮기며 골을 넣기도 하고요. 공중에서 수비를 펼치기도 합니다. 조던의 경기를 보던 선수가 "신이 조던의 모습으로 변장했다"라고 말할 정도였어요. 신의 경지에 이른 것처럼 비현실적인 농구 실력을 보여 줬던 겁니다. 결국 2개의 미국 프로농구 구단에서 마이클 조던의 위대함을 기리는 의미에서 그의 등 번호인 '23번'을 영구 결번으로 결정했어요. 영구 결번은 위대한 선수의 명예를 위해 그 선수의 번호를 아무도 쓸 수 없게 빼놓는 것을 말해요.

승승장구만 했을 것 같은 마이클 조던에게도 어려움은 있었어요. 고등학교 시절에는 키가 작아 대표선수로 뽑히지 못했거든요. 완벽주의자 신금에게는 큰 상처가 될 일이지요. 이럴 때 병화의 능력을 배우면 좋아요. 자신은 벤치에 앉아 있지만, 경기를 보며 경기장에서 뛰고 있는 자신의 모습을 상상하는 거예요. 실제로 조던은 벤치에 앉아서 경기의 흐름을 분석했다고 합니다. 정화를 만났다면 어땠을까요? 신금은 정화를 만나면 굉장히 힘들어요. 뜨거운 불에 제련되고 있는 금속을 상상해 보세요. 자기 몸이 타는 것처럼 힘든 일을 만났을 때, 신금은 제련되어 더욱 완벽해지는 자신을 꿈꾸면 좋습니다. 조던은 실패를 늘 새롭게 해석했어요. "나는 실패한 적이 없다. 그저 만 가지 방법을 찾아낸 것 뿐이다"라고요. 정화라는 불꽃을 잘 이겨 냄으로써 더욱 완벽해진 신금의 멘트라고 할 수 있어요.

09. 임수

壬水

저장의 달인 임수

임수의 상징

#초겨울 #바다 #강 #호수

임수는 초겨울에 속해요. 초겨울이 되면 모든 생명은 휴식을 취하는 동시에 다가올 봄을 준비하기 시작하는데요. 겨울에는 봄이나 여름처럼 양기가 함부로 터져 나오지 않도록 그 기운을 가둬요. 씨앗을 잉태하는 거죠. 그리고 그 씨앗이 겨울 동안 다치지 않도록 보호하는 데 힘을 쏜답니다.

임수는 바다, 강, 호수를 떠올리면 쉬워요. 바다나 큰 강, 호수를 보면 '끝이 안 보인다'라고 생각하죠? 맞아요. 헤아릴 수 없을 정도로 넓고 깊어요. 바다나 강의 색깔을 보통 에메랄드 빛이나 푸른색으로 표현하잖아요. 하지만 깊은 곳으로 들어가면 굉장히 어두컴컴해요. 그 안에 무엇이 들어 있는지 알 수 없을 정도지요. 그래서 임수는 자기 안에 있는 감정이나 기억이 어떤 건지 잘 모를 수 있어요. 하지만 동시에 사람의 마음이나 사건의 깊은 심연을 들여다볼 수 있는 능력을 가지고 있어요.

임수의 성격

총명한 머리

바다는 다양한 곳에서 흘러들어 오는 물을 모두 받아들여요. 바다를 상징하는 임수도 마찬가지예요. 임수가 있는 사람들은 많은 정보를 한꺼번에 받아들일 수 있어요. 그래서 총명하다는 말을 듣곤 해요. 많은 정보를 한꺼번에 수용할 수 있는 사람은 어떨까요? 멀티태스킹이 가능해요. 두세 가지 일을 동시에 처리하는 사람들이죠. 무슨 일을 맡겨도 시원시원하게 해내니 능력자가 따로 없어요. 임수의 두뇌는 총명함에서 그치지 않아요. 임수는 다음 봄을 준비하기 시작하는 초겨울의 기운이라고 했지요? 다음을 내다본다는 측면에서 임수는 예지력이 있다고 할 수 있어요. 미래의 경향이나 기술 발달 등을 예측할 수 있으니, 이를 고려해서 자기만의 길을 설계하기도 하지요. 그러다 보니 남들의 시선에 구애받지 않고, 자기만의 독특한 길을 가는 당당함이 있답니다.

다만, 두뇌회전이 잘 되다 보니 꾀를 부리려 할 수 있어요. 혹은 목적을 달성하기 위해 수단과 방법을 가리지 않을 수도 있고요. 이런 마음이 들 때에는 임수의 총명함을 잠시 쉬게 해 줘야 한답니다.

폭넓은 관계를 맺어요

바다는 무척 넓지요. 규모가 어마어마합니다. 그 넓고 깊은 바다 안에 무엇이 들어 있는지 가늠할 수가 없어요. 웬만한 것은 다 품는다고 할 수 있지요. 이처럼 임수는 많은 사람을 포용해요. 나랑 꼭 맞는 단짝이 아니어도 괜찮아요. 달리기를 좋아해서 친구가 될 수 있고, 집이 가까워서 친구가 될 수 있어요. 공통점이 하나 있으면 누구라도 친구가 되는 거예요. 다양한 곳에서 물이 흘러와 바다로 모이듯, 임수에게는 사람들이 모여들어요. 이렇게 인기가 많은 것도 임수의 특징이랍니다.

다양한 사람들과 친구가 된다는 측면에서 보면, 무토와 공통점이 있어요. 인간관계가 넓지만 깊지는 못하다는 것도요. 그

가운데 차이점이 있는데, 무토는 관계를 맺으면 책임을 지려고 해요. 반면 임수는 가까이 다가오려고 하면 한발 물러서요. 하나의 관계에 깊이 몰두하기 어려운 거예요. 깊은 관계를 바라는 사람은 이런 임수에게 서운함을 느낄 수 있어요. 이럴 때에는 교감력을 한 단계 업그레이드하면 좋겠죠.

저장의 달인

바닷속에는 무수히 많은 것들이 가라앉아 있습니다. 임수가 있는 사람들은 자기 안에 있는 감정을 꾹꾹 눌러놓아요. 물건도 버리지 않고 차곡차곡 모으는 경향이 있고요. 옛날에 썼던 일기장, 옛날에 받았던 편지, 옛날 성적표 등을 잘 버리지 못하는 것이죠. 추억이 서린 물건을 간직하는 건 중요한 일이에요. 하지만 이제는 보지도 않고 필요하지도 않은 것들을 버리지 못해, 주변 환경 혹은 자기 감정을 지저분하게 만들고 있지는 않은지 점검해 보는 게 필요해요.

특히 이렇게 저장하는 특성이 문제가 될 때가 있어요. 감정이 조절되지 않을 때예요. 임수는 감정을 쌓아 놓기 때문에, 자기 안에 어떤 감정이 있는지 모를 지경이 되기도 해요. 예를 들어 볼까요. 나도 모르게 어떤 친구에게 화를 낼 때가 있어요. 왜일까요? 어딘가에 쌓아 두었던 서운함이 불쑥 튀어나온 것일지도 몰라요. 이렇게 되면, 맥락 없이 튀어나오는 감정 때문에 친구 사이가 불편해질 수 있겠지요? 그러니 친구에게 서운하거나 화가 나서 참을 수 없다면, 바로바로 표현해서 오해를 푸는 것이 중요해요.

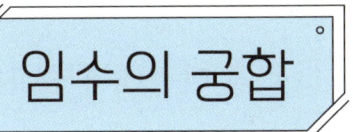

정화(丁火)와 쿵짝쿵짝 잘 맞아요!

임수는 하나의 씨앗에 기운을 압축하려는 성질이 있다고 했지요. 그런데 압축이 과도해지면 답답해져요. 정화는 이런 임수의 숨통을 틔워 줍니다. 달걀을 떠올려 보세요. 달걀에서 병아리가 나오려면? 따뜻한 열을 가해 주어야 하죠. 어미 닭이 알을 품거나, 따뜻한 빛을 쬐야 하는 거예요. 이렇게 임수에게 정화가 작용하면, 병아리가 쏙 튀어나오게 돼요. 임수는 가라앉고, 멈추어 있는 기운에 가까워요. 이런 임수가 정화를 만나면, 병아리가 탄생하듯 움직이고 싶어져요. 임수는 행동하는 대신 머리를 쓰며 문제를 해결하려는 속성이 있는데, 정화를 만나면 꿈틀대는 생명력으로 문제를 정면 돌파하는 용기가 생겨요. 느릿느릿함에 속도가 붙는 것이죠.

무토(戊土)와 티격태격 좀 달라요!

큰 강물이 흘러가는 모습을 생각해 봅시다. 느긋하고 여유롭게 흘러가지요. 이처럼 임수는 느긋한 마음을 가지고 있어요. 반면 무토는 사막과 같아요. 사막에서는 마음이 여유롭기 힘들죠? 그래서 무토의 마음에는 조급함이 있어요. 이와 같은 맥락에서 볼 때, 임수는 유연하지만, 무토는 완고해요. 변수가 생겼을 때, 유연하게 변수마저 끌어안는 것이 임수라면, 무토는 목표한 대로 추진하는 경향이 있는 거예요. 차이점이 또 있어요. 유연한 사람에게는 새로운 아이디어가 막 떠올라요. 그것이 창의력으로 발전되고요. 반면 변화보다 안정을 추구하는 사람은 기존의 전통을 지키려는 성질이 있어요. 느긋하고 여유로운 임수가 보기에 무토는 '세상 참 힘들게 산다'라고 느껴질 수 있어요. 늘 바쁘고, 융통성이 없으니 삶에 여유가 부족하다고 말이죠. 하지만 계속해서 변수를 허용하기만 하면, 마지막에 이룰 게 없겠죠? 떠오르는 아이디어를 현실화하는 것이 무토의 에너지예요. 그러니 무토 친구를 만나면 임수에게 부족한 '끈기'를 배우려고 노력하면 좋겠습니다.

인물로 알아보는 임수

임수인 세종대왕은 책벌레로 유명해요. 아버지인 태종은 그런 세종 때문에 고민이 많았어요. 쉬지 않고 책을 읽다 보니 세종의 눈이 나빠지고, 건강도 약해졌거든요. 그래서 극약 처방을 내리기도 했어요. 방에 있는 책을 모조리 압수해 버린 거예요. 잠깐이었지만 눈은 좀 쉴 수 있었겠지요? 세종의 독서법을 보면 임수의 특성이 어떤지 알 수 있어요. 세종은 한 권의 책을 스무 번 이상 읽었다고 해요. 이해할 때까지 여유를 가지고 읽고 또 읽은 것입니다. 다른 사람에게 묻기보다는 혼자 답을 찾아내는 세종의 탐구심이 발동되었다고 할 수 있지요. 그렇게 끝까지 파고들다 보니 세상 만물에 대한 통찰력이 생기게 되었습니다. 임수의 통찰력은 저절로 생기는 것이 아니에요.

임수는 겨울에 모든 것이 얼어붙듯 최대한 움직이지 않으려 해요. 몸보다 머리를 쓰는 것을 좋아하는 거예요. 임수인 세종도 그랬어요. 그래서 무예에 소질이 없었죠. 하지만 왕으로서 나라를 지키려면 군사를 움직이는 것이 중요하잖아요.

전쟁에 대비해 군사들을 훈련해야 하고, 실제로 전쟁이 일어나면 전술과 전략을 펼쳐야 하니까요. 세종은 책읽기를 좋아하는 왕답게 전쟁 관련 공부도 책으로 했어요. 『손자병법』이나 『오기병법』 등의 병법서를 독파한 후, 훌륭한 장군들과 토론하면서 모의 군사훈련을 해 나가는 거예요. 이런 방법이 통했는지, 전쟁에서도 실력을 유감없이 발휘했다고 합니다.

임수는 자극이 주어지지 않으면 계속 머리만 쓰려고 해요. 아이디어만 떠올리는 셈이지요. 이럴 때 행동으로 옮기는 정화를 만나면 머릿속 생각을 실행할 수 있어요. 세종대왕은 '한글 창제'라는 거대한 프로젝트에 정화의 열정으로 불을 지폈어요. 그때 함께했던 집현전 학자들이 정화와 같은 존재들이 아니었을까요. 무토와 만나면 어떨까요. 임수는 이 생각을 했다가 저 생각으로 옮겨 가는 경향이 있어요. '아이디어 뱅크'와 같지요. 이때 끈기를 가지고 묵묵하게 자기 일을 해내는 무토를 만나면 좋겠지요. 세종대왕이 만들어 낸 해시계나 측우기 등은 모두 오랜 실험을 거쳐서 탄생한 기구예요. 반복되는 실패에도 끄덕 없는 뚝심이 필요해요. 임수가 이런 무토의 모습을 배우면 아이디어에 그치지 않고 결과물을 만들어 낼 수 있는 거예요.

10.

계수

癸水

여리지만 확실한 계수

계수의 상징

#늦겨울 #시냇물 #가랑비 #수증기

계수는 늦겨울에 속해요. 가장 춥고 어두운 시기라고 할 수 있어요. 하지만 조만간 찾아올 봄을 준비하는 생동감을 느낄 수도 있어요. 단단한 씨앗이 겉으로 볼 땐 음기로 똘똘 뭉쳐져 있는 것처럼 보이지만, 안에서는 양기가 무럭무럭 자라고 있는 거예요. 그래서 계수는 이중성을 가져요. 굉장히 어둡고 깊은 사람인 것 같은데, 만나다 보면 봄의 새싹처럼 생기발랄한 면을 발견하게 돼요. 종잡을 수 없는 매력 만점 캐릭터입니다.

계수는 시냇물, 가랑비를 떠올릴 수 있어요. 시냇물은 바위 사이를 졸졸졸 흘러가요. 장애물을 만나면 그 장애물에 반응해요. 같은 수(水)인 임수는 큰 물이기 때문에 바위 정도는 신경도 쓰지 않아요. 하지만 계수는 바위가 있으면 그 사이를 찾아 흘러가요. 그러다가 물이 흐르지 못하는 웅덩이를 만나면 한동안 고여 있는 거예요. 이런 계수는 자기만의 길을 고집하지는 않아요. 오히려 상황에 따라 삶의 방향이 바뀌는 경향이 있어요. 또 계수는 수증기로 비유되기도 해요. 수증기는 우리 눈에 보이지 않지요. 계수 역시 존재감이 그렇게 크지 않아요. 하지만 수증기는 어떤 조건을 충족하면 물이 되죠. 계수 역시 그때가 되면, '나 계수야' 하고 존재감을 드러내기도 한답니다.

계수의 성격

지혜로운 사람

계수의 계절은 늦겨울이에요. 겨울이 깊어졌어요. 이때는 형체가 온전히 사라진다고 했지요. 꽃과 열매는 시들고, 세상은 황량해졌어요. 그러다 보니 계수는 보이지 않는 것까지 탐구하게 돼요. 보이는 것과 보이지 않는 이면을 동시에 살필 수 있는 능력을 지혜라고 해요. 계수의 탐구심이 발달하면 어떨까요? 신앙심을 가질 수도 있고요. 평소 만나던 친구의 밝음 뒤에 숨겨진 우울과 괴로움을 발견할 수도 있어요. 그래서 계수 사람들은 '사람은 왜 태어나는가', '어떻게 살아야 하는가'라고 하는 근본적인 질문을 던지게 되는 거예요. 계수는 철학 하기 좋은 천간이에요.

하지만 대부분의 사람들은 주로 '보이는 것'을 믿어요. 사건이나 사물의 이면까지 살펴서 말하는 계수를 '비현실적인 사람'이라고 판단하기 쉽지요. 그래서 계수는 자신의 특성을 잘 활용하는 것이 중요해요. 심리학을 공부하거나, 종교나 철학을 전공하는 쪽으로 말이죠. 그러면 계수의 특성을 현실적으로 잘 쓸 수 있을 거예요.

투명한 것이 중요해요

계수는 졸졸졸 흐르는 시냇물과 같다고 했지요? 흐르는 물은 투명하고 맑아요. 임수의 바다는 어두워서 무엇이 들어 있는지 알 수 없지만, 계수는 시냇물 속에 있는 송사리, 돌멩이까지 다 볼 수 있어요. 이렇듯 계수는 투명함을 지향해요. 투명해야 생명이 있는 것들이 건강하게 살아갈 수 있다고 생각하는 거예요. 그래서 계수 사람들은 스스로 투명하고 맑은 상태로 살아가기 위해 노력해요.

하지만 투명함에 대한 집착이 심해지면 강박이 생길 수 있어요. 투명하지 않은 것은 더럽고, 불필요하다고 생각하는 거예요. 사람은 투명해야 하니, 개인의 감정이나 욕심이 개입되지 않은 것만 정당하다고 생각하는 거죠. 예를 들어 볼까요. 반장 선거에 나가는 친구가 있다고 해봐요. 그 친구는 왜 반장이 되려고 할까요? 친구 간에 우애가 좋은 반을 만들기 위해서일 수도 있고, 공부 잘하는 반을 만들기 위해서일 수도 있어요. 그런데, 선생님한테 인정받고 싶은 마음, 부모님에게 칭찬받고 싶은 마음은 없을까요? 이런 다양한 의도를 가지고 반장이 되려는 거지요. 그런데, 계수는 인정받고 칭찬받으려는 마음을 나쁘게 볼 가능성이 있어요. 순수하지 못하다고 보는 거예요. 그런데, 칭찬받으려는 마음이 꼭 나쁘기만 할까요? 계수는 기억해야 해요. 인간의 마음은 복잡하다는 것, 그리고 좋고 나쁜 마음을 구분할 수 없다는 것을요.

여린 마음의 소유자

계수는 가랑비에 비유할 수 있어요. 사람들은 폭우가 쏟아지면 비를 피해 막 뛰거나 우산을 쓰지요. 하지만 비가 보슬보슬 내리면 그렇게 서두르지 않아요. 계수는 가랑비처럼 부드럽고 여린 감수성을 가졌어요. 부드럽고 온화한 계수는 주변을 편안하게 만들어 줘요. 그렇게 사람들의 마음에 스며듭니다. '가랑비에 옷 젖는 줄 모른다'는 속담이 있지요? 계수는 처음에는 존재감이 별로 없어요. 하지만 사람들은 가랑비에 옷 젖듯 계수의 매력에 서서히 빠져든답니다.

계수는 다른 사람에게 잘 스며든다고 했지요. 사람들의 기쁨과 아픔에 잘 공감할 수 있는 거예요. 그런데 정작 자기 마음에는 공감을 못하는 편이에요. 그래서 계수는 음악을 듣거나 연극 혹은 영화를 보면서, 또는 일기를 쓰면서 자기 감정을 끌어내는 것이 필요해요. 자신의 외로움을 깨달으면, 그 감정을 해소하기 위해 노력할 수 있잖아요. 그렇지 않으면 감정이 곪아서 터질 수 있어요. 물은 가라앉는 속성이 있는 만큼, 해결되지 않는 감정을 끌어안고 있으면 깊은 우울감에 빠질 수 있어요.

계수의 궁합

무토(戊土)와 쿵짝쿵짝 잘 맞아요!

계수는 최대로 응축한 상태이기 때문에 굉장히 딱딱해요. 마치 씨앗처럼요. 문제는 이 딱딱한 음기를 스스로 뚫고 나갈 힘은 없다는 거예요. 이때 드넓은 황무지를 뜻하는 뜨끈뜨끈한 무토를 만났다고 상상해 볼까요. 무토는 확장의 끝판왕이에요. 더 이상 확장할 수 없으니 그제야 멈추려고 하는 기운이잖아요. 이 확장력이 계수에게 작용하면 단단함에 틈이 생기기 시작해요. 이렇게 되면, 응축하는 힘만 쓰던 계수에게 바깥으로 확장하고자 하는 마음이 생겨요. 일 대 일 관계를 좋아하던 계수가 많은 사람들과 친구가 되기도 하고요. 어디에도 속하려 하지 않던 계수가 한 곳에 머물면서 자신이 돋보이는 일에 몰두할 수도 있어요. 계수는 성과에 집착하지 않기 때문에, 자신의 속성만으로는 성과가 잘 나타나지 않아요. 그런데 무토를 만나면 현실감각이 생겨요. 소수의 친구와 마음을 나누는 것도 중요하지만, 함께 일을 도모하는 친구도 만들어야겠다고 다짐해요. 관계와 활동력이 커지면서, 결국 다양한 성과를 낼 수 있는 거예요.

기토(己土)와 티격태격 좀 달라요!

계수는 흘러가는 게 중요하지요. 흘러가는 사람은 무엇이든 소유하려는 욕심이 별로 없어요. 반면 기토는 한곳에 머무는 것이 중요해요. 정원을 가꾸듯 자기 소유물을 아름답게 가꿔요. 흘러가는 계수는 만나는 공간이나 사람들에게 살며시 스며듭니다. 하지만 정착하는 기토는 자기 텃밭에 있는 것들을 자신의 의지대로 꾸미려고 해요. 이처럼 두 천간은 무척 달라요. 계수는 분위기가 안 좋으면 안 좋은 대로 그 자리에 스며들어요. 하지만 기토는 분위기에 민감해요. 분위기가 가라앉았다 싶으면 살려 내려고 애쓰지요. 계수가 이런 기토를 보면 '신경 쓸 것도 참 많다'라고 생각할 수 있어요. 계수는 주로 영향을 받는 쪽이지만, 기토는 늘 영향을 주는 쪽에 속하거든요.

하지만 우리는 영향을 주기도 하고, 받기도 해요. 일방적으로 흘러가는 관계는 탈이 나기 마련이거든요. 계수는 지혜롭다고 했지요. 어떻게 하면 자신이 쌓은 지혜를 나눠줄 수 있는지 기토를 통해 배우면 좋겠어요.

인물로 알아보는 계수

피겨계를 압살했다는 평가를 받은 김연아 선수가 계수 일간입니다. 김연아는 여자 싱글 최초로 올림픽, 세계 선수권, 그랑프리 파이널, 4대륙 선수권으로 이루어진 4대 국제대회를 모두 석권하며 그랜드 슬램을 달성했어요. 김연아는 어렸을 때 매사에 금방 싫증을 내곤 했대요. 그런데, 피겨 스케이팅만은 달랐어요. 무엇에도 흥미를 느끼지 못했던 김연아가 피겨 스케이팅을 만나면서 주인공으로 우뚝 서게 된 거예요. 물론 그 이면에는 숱한 노력과 좌절이 있었답니다.

김연아가 본격적으로 주목받게 된 것은 2006년에 있었던 시니어 무대에서였어요. 기술적으로 잘한다는 평가를 받아 왔던 그녀지만, 시니어 무대를 기점으로 감정이 살아 있는 무대를 보여 줬기 때문이에요. 계수는 겨울의 기운이기 때문에 자기 감정을 자유롭게 표현하는 것에 서툴러요. 물론 자신이 좋아서 시작했던 피겨였지만, 어릴 때부터 힘든 훈련을 반복하다 보니 피겨를 온전히 즐기지 못하는 상태였어요. 이런 계수에게 무토는 눈앞에 펼쳐진 무대와 같아요. 이런 무토를 만나면 경직된 모습 이면에 꿈틀거리던 감정을 충분히 표출할 수 있게 되는 거예요. 기토를 만나면 어떨까요. 계수는 흘러가는 것을 좋아하는 시냇물과 같지요. 흘러가다 보면 만나는 사람들과 매번 깊은 인연을 맺을 수는 없어요. 그래서 좀 무뚝뚝하고 냉정하게 보일 수도 있지요. 반면 기토는 계수와 달리 정착하려 하고, 그곳에서 만나는 사람들과 깊은 인연을 맺으려고 해요. 그래서 상대의 마음에 관심이 많지요. 이런 기토의 마음을 배운다면 김연아의 감정 표현은 더욱 깊어질 거예요.

한눈에 보는
10개의 천간

갑목
甲木

> 내가 알아서 할게.
> 불가능은 없다!

상징 #초봄 #나무 #새싹 #죽순

성격 늘 성장하고 싶어요.
창의적인 생각이 뿜뿜 솟아요.
거칠지만 따뜻한 리더예요.

쿵짝쿵짝 잘 맞아요!

기토
己土

티격태격 좀 달라요!

경금
庚金

"돌다리도 두들겨 봐야 해!"

"좀 돌아가면 어때서?"

을목
乙木

상징   #늦봄   #덩굴식물   #풀

성격   함께하는 것을 좋아해요.
유연한 추진력을 가졌어요.
노력과 끈기를 갖췄어요.

쿵짝쿵짝 잘 맞아요!   티격태격 좀 달라요!

경금
庚金

신금
辛金

병화
丙火

모르겠고, 일단 해 보자.

내가 도와줄게!

상징   #초여름   #태양   #불나방

성격   불의를 참지 못해요.
         불타는 추진력을 가졌어요.
         화려한 것을 좋아해요.

쿵짝쿵짝 잘 맞아요!

티격태격 좀 달라요!

신금
辛金

임수
壬水

"실례가 되지 않는다면, 안 해, 못 해!"

정화
丁火

상징   #한여름 #촛불 #모닥불 #폭발하는_화산

성격   예의 바르게 행동해요.
          내면에 타오르는 열정을 품고 있어요.
          희생과 봉사를 좋아해요.

쿵짝쿵짝 잘 맞아요!

티격태격 좀 달라요!

임수
壬水

계수
癸水

무토
戊土

"오는 사람 안 막고, 가는 사람 안 잡아. 한다면 한다!"

상징   #환절기   #황무지   #큰산

성격   친구들과 두루두루 친해요.
       거칠고 강한 리더예요.
       불도저 같이 밀어붙여요.

쿵짝쿵짝 잘 맞아요!

계수
癸水

티격태격 좀 달라요!

갑목
甲木

기토
己土

"말해 봐, 내가 들어 줄게."
"여기 분위기 왜 이래?"

상징 #환절기 #정원 #논밭

성격 분위기를 띄워요.
파수꾼의 기질을 갖고 있어요.
경청과 공감을 잘 해요.

쿵짝쿵짝 잘 맞아요!

갑목
甲木

티격태격 좀 달라요!

을목
乙木

경금
庚金

의리에 살고 의리에 죽는다!

변수가 싫어, 예외가 싫어!

상징   #초가을   #강철   #바위   #도끼

성격   세상을 바꾸려는 욕망을 갖고 있어요.
　　　　나만의 질서와 순서가 있어요.
　　　　약속을 중요시해요.

쿵짝쿵짝 잘 맞아요!　　티격태격 좀 달라요!

을목
乙木

병화
丙火

신금
辛金

"내 사전에 쓸데없는 일은 없어!"

"내가 하는 게 다 그렇지 뭐."

상징   #늦가을   #바늘 #보석 #예리한_칼

성격   완벽함을 꿈꿔요.
         정신력이 다이아몬드처럼 강해요.
         꼼꼼하고 섬세해요.

쿵짝쿵짝 잘 맞아요!   티격태격 좀 달라요!

병화
丙火

정화
丁火

임수
壬水

상징   #초겨울   #바다   #강   #호수

성격   총명하고 당당해요.
       폭넓은 관계를 맺어요.
       물건을 버리지 않아요.

쿵짝쿵짝 잘 맞아요!

정화
丁火

티격태격 좀 달라요!

무토
戊土

계수
癸水

"계산은 확실히 하자."

"그럴 수도 있지."

상징　#늦겨울　#시냇물　#가랑비　#수증기

성격　보이지 않는 것까지 탐구해요.
　　　투명하고 맑은 것을 좋아해요.
　　　마음이 여려요.

쿵짝쿵짝 잘 맞아요!

무 토
戊土

티격태격 좀 달라요!

기 토
己土

두근두근! 내 인생의 비밀 찾기 1 사주명리로 보는 나의 성격—천간편

초판1쇄 펴냄 2025년 3월 10일

지은이 성승현
그린이 손수정

펴낸이 유하나
펴낸곳 곰세마리
주소 서울시 서대문구 이화여대2길 10, 1층
대표전화 02-702-2717 | **팩스** 02-703-0272
홈페이지 www.gom3.kr
원고투고 및 문의 editor@gom3.kr

편집 성채현
저작권법에 의해 한국 내에서 보호를 받는 저작물이므로 무단전재와 무단복제를 금합니다.
ISBN 979-11-93366-13-4 73180

곰세마리는 (주)그린비출판사의 가족브랜드입니다.